RESEARCH ON CONT
ABORIGINAL EDUCATION PO

当代加拿大原住民教育政策研究

杨琴 著

重庆大学出版社

图书在版编目(CIP)数据

当代加拿大原住民教育政策研究/杨琴著.--重庆:重庆大学出版社,2020.8
ISBN 978-7-5689-2127-5

Ⅰ.①当… Ⅱ.①杨… Ⅲ.①教育政策—研究—加拿大—现代 Ⅳ.①G571.10

中国版本图书馆 CIP 数据核字(2020)第 075896 号

当代加拿大原住民教育政策研究
DANGDAI JIANADA YUANZHUMIN JIAOYU ZHENGCE YANJIU

杨 琴 著
策划编辑:唐启秀

责任编辑:唐启秀　版式设计:唐启秀
责任校对:邹 忌　责任印制:张 策

*

重庆大学出版社出版发行
出版人:饶帮华
社址:重庆市沙坪坝区大学城西路 21 号
邮编:401331
电话:(023) 88617190　88617185(中小学)
传真:(023) 88617186　88617166
网址:http://www.cqup.com.cn
邮箱:fxk@cqup.com.cn(营销中心)
全国新华书店经销
重庆市国丰印务有限责任公司印刷

*

开本:940mm×1360mm　1/32　印张:6.25　字数:180千
2020 年 8 月第 1 版　2020 年 8 月第 1 次印刷
ISBN 978-7-5689-2127-5　定价:48.00 元

本书如有印刷、装订等质量问题,本社负责调换
版权所有,请勿擅自翻印和用本书
制作各类出版物及配套用书,违者必究

序

在这本关于当代加拿大原住民教育政策研究的专著中,杨琴很详细且有条理地梳理了在不同的社会历史背景下,加拿大原住民教育政策的产生、发展及其演变过程。该专著能够帮助中文读者清晰地了解加拿大经历了英法殖民政府时期对原住民采取的白人至上的殖民统治和极端的同化教育,到1971年联邦政府提出多元文化主义政策和相关教育政策,再演变到当前提倡文化多样性和对原住民知识体系的认知和尊重的整个过程。杨琴在该专著中讨论了加拿大多元文化主义政策和教育对中国的民族教育可借鉴的意义并提出了积极的参考建议。

具体地说,本专著在以下几个方面有助于中文读者对加拿大多元文化主义教育政策,尤其是原住民教育政策有较完整全面的了解,从而可以避免人们对原住民族群可能存在的认识偏差。

1.所谓的"印第安人"和"爱斯基摩人"

尽管现在从事加拿大多元文化教育研究的中国学者都知道在加拿大当前的教育政策和教学材料等文献中已经停止使用"印第安人"和"爱斯基摩人",而改用"原住民"和"因纽特人"作为更妥帖的方式称呼这些加拿大的最原始的居民,但是很多中国学生和民众仍然在广泛使用"印第安人"和"爱斯基摩人"这两个带着浓厚殖民色彩和歧视的历史称谓。杨琴在本专著中翔实地综述了加拿大原住民被殖民统治的历史和加拿大原住民包括因纽特人的文化传统和历史渊源,让读者通过了解这些称呼的改变过程,更深入地了解加拿大多元文化主义政策和举措,理解加拿大原住民的历史和文化。

2.加拿大多元文化主义政策的历史起源、演变过程和当前的社会教育意义

提及加拿大的多元文化主义政策和多元文化教育,人们可能认为在聚集了世界不同族裔和文化的加拿大,这会是一个举国上下额手相庆的利国利民的政策。而事实上,加拿大的多元文化主义政策和多元文化教育受到不少加拿大学者尤其是出身原住民的学者的质疑。[①] 在他们看来,尽管多元文化主义政策和多元文化教育的目的是保护和尊重原住民的权益,但其本质依然是在主流社会保护白人特权的主导地位,掩盖了以白人为中心形成的定居者社会对原住民社区的历史性的深远的暴力影响。[②] 早期殖民统治者制定的《印第安法》强制规定所有7~15岁的土著儿童到寄宿制学校接受同化教育。这项政策割裂了原住民年轻一代与其本土语言、文化和生活的纽带,对原住民族群的身份认同及文化传承造成了毁灭性的破坏,加之在寄宿制学校中原住民儿童遭受了非人的身心虐待和伤害,这些伤痛影响至今,难以愈合。笔者每次在国际会议以及在原住民保留区参加由原住民长者主持的传统仪式时,都会看到每一位讲述原住民亲历的故事的长者言语哽咽或泪流满面。对于非原住民的人们来说,可能把殖民时期的一切看成是已经过去了的历史;而对于世世代代的原住民族群来说,殖民统治留下的创伤,时至今日依然是他们挥之不去的梦魇。原住民族群依然不得不面对殖民统治的伤害对其族群的语言、文化、生活和心灵的世代影响,又怎能不深感痛心?因此,近年来不少学者和原住民社区共同呼吁人们要认识在多元文化主义政策下对殖民统治烙印的三个未

[①] St. Denis, V. (2011). Silencing aboriginal curricular content and perspectives through multiculturalism: "there are other children here". *Review of Education, Pedagogy & Cultural Studies*, 33(4), 306-317.

[②] Baldwin, A. (2009). The white geography of Lawren Stewart Harris: Whiteness and the permative coupling of wilderness and multiculturalism in Canada. *Environment and Planning A*, 41, 529-544.

被充分认识的主题：抵抗、复原与和解。① 杨琴的专著将有助于中文读者在历史、社会、政治、经济和教育等诸多方面对加拿大原住民族群获得较全面的认识和理解。

3.对原住民知识体系的认知和尊重

尊重文化多样性是加拿大社会最具吸引力的一个方面。很多加拿大人会为加拿大的多元文化主义、多元文化教育，尤其是近年来所提倡的尊重文化多样性而自豪。但原住民族群的领袖和学者们指出，不承认加拿大原住民的文化多样性是非原住民与原住民交往时最常犯的错误之一。②有学者提出在考虑多元文化教育的目的时通过福柯的理论观点来理解原住民公共教育政策如何在历史背景下战略性地定位原住民族群，通过福柯主义的权力和关怀概念来认可原住民的主体化识别实践。③而当下越来越多的学者，尤其是进行环境治理和环境保护的科研人员以及倡导环境教育的教育者，通过与原住民族裔的领袖和学者的合作认识到认知和尊重原住民知识体系的重要性。比如 John Hansen 和 Rose Antsanen 探讨了原住民知识体系在降低气候变化的严重程度可以教给我们什么以改变我们的人类活动和环境管理方式。他们在原住民 Cree 部落的调查结果表明，原住民的经验和世界观教给我们有关环境管理的知识，原住民长者的智慧对于解决当今气候变化的有害影响具有重要意义。原住民知识为当前解决人类活动和环境问题的方法提供了理论和实践建议。④杨琴的专著为中文读者深入了解加拿大原住民族群的文

---

① Clarke, M. A., & Byrne, S. (2017). THE THREE RS: RESISTANCE, AND RECONCILIATION IN CANADA AND IRELAND. *Peace Research*, 49(2), 105-132, 143-144.

② Carnegie, D. (2019). Respecting the cultural diversity of Indigenous Peoples. Retried from https://www.ictinc.ca.

③ Cherubini, L. (2011). Using multiculturalism as a "new way of seeing the world": Ontario aboriginal educational policy according to foucault. *International Journal of Multicultural Education*, 13(2), 1-15.

④ Hansen, J. G., & Antsanen, R. (2018). What can traditional indigenous knowledge teach us about changing our approach to human activity and environmental stewardship in order to reduce the severity of climate change? *International Indigenous Policy Journal*, 9(3).

化多样性和其尊重自然环境的生活方式和世界观打开了一扇门。

4.加拿大原住民教育政策研究对中国民族教育的借鉴以及互惠学习的意义

杨琴在本书中指出,加拿大和中国都是多民族国家,加拿大原住民教育问题和中国少数民族教育问题具有一定的相似性,也面临着许多共同的挑战。在两国,原住民和少数民族在经济、社会等各项事业的发展相对滞后,教育成就普遍低于全国平均水平。同时,两国都有法律和政策上的相关政策保护少数民族的教育权利。本书追溯了加拿大原住民教育政策由"同化"到"多元文化主义"演变的过程,分析了有关政策的内容、实施、特征及价值取向,为深入开展中加原住民及少数民族教育政策的比较研究,对于探究原住民和少数民族教育政策的发展规律及启示,推进中国少数民族教育政策改革提供了非常有益的参考资料。本书帮助中文读者了解加拿大多元文化主义的理论先导、产生的社会历史根源和基本内涵,以及多元文化主义对加拿大的联邦法律、教育政策,包括原住民教育政策的影响,让读者可以看到在特定的历史时期"多元文化主义政策是加拿大政府为了承认同化政策的历史错误,为改善原住民的社会状况、促进原住民社会发展而采取的补偿措施"。因此,如果提倡中国的民族教育借鉴加拿大的多元文化主义教育政策和举措就必须首先了解两国之间不同的国情和倡导多元文化主义政策的不同的历史起源。杨琴在本书中一方面阐述了加拿大通过多元文化主义教育的终极目标和全球教育相结合,在缓和族裔矛盾、维护国家统一、建立良好的国际关系等方面取得了卓越的成绩,另一方面也讨论了不同的学者对加拿大的多元文化主义政策的实施和多元文化主义教育的意义的不同的声音。[1] 读者可以看到尽管加拿大的多元文化主义教育在缓和族裔矛盾、维护国家统一、建立良好的国际关系等方面取得了卓越的成绩,但其实践过程以及

---

[1] MacDonald, D. B. (2014). Reforming Multiculturalism in a Bi-National Society: Aboriginal Peoples and the Search for Truth and Reconciliation in Canada. The Canadian Journal of Sociology / Cahiers canadiens de sociologie, 39 (1), 65-86.

未来发展仍然面临巨大的挑战。①因此,本书指出虽然中加两国在法律保障、优惠政策、额外财政支持、语言保留等方面有很多相似之处,但在社会环境、政策实施过程以及处理民族教育的基本方法上还存在诸多不同之处。本书对当代加拿大原住民教育政策的探究为中国少数民族教育政策改革提供了启示,并提醒中国决策者和学者要注意加拿大原住民教育政策和中国少数民族教育政策在政策背景、政策理念、政策路径等方面存在一定差异。因此在学习和借鉴加拿大的经验时需要结合中国的历史、文化和本土经验。

总而言之,笔者很高兴看到杨琴老师借助我们中加教师教育和学校教育互惠学习合作项目②的平台完成了这样一部有意义的著作,为我们中加互惠学习合作项目在下一阶段进行跨学科、跨领域、跨文化地架构东西方传统文化和教育思想,互相交流和学习原住民/本民族知识体系以建立人文科学和自然科学相结合的可持续性发展知识体系提供了助力和新的思想火花。

许世静

博士

加拿大温莎大学教育学院教授

加拿大研究讲座教授(CRC)

人文社科基金会加中教师教育和学校教育互惠学习

合作项目总负责人

首席研究员

---

① Cherubini, L. (2011). Using multiculturalism as a "new way of seeing the world": Ontario aboriginal educational policy according to Foucault. *International Journal of Multicultural Education*, 13(2), 1-15.

② Xu, S. J. & Connelly, F. M. (2013-2020). *Reciprocal Leaning in Teacher Education and School Education Between Canada and China*, funded by Social Sciences and Humanities Research Council of Canada (SSHRC) Partnership Grant. University of Windsor, University of Toronto, Southwest University, East China Normal University, Northeast Normal University and Beijing Foreign Studies University, Greater Essex County District School Board and Toronto District School Board.

目 录

导 论 ··· 1
  一、原住民及少数民族教育政策研究的价值 ················· 1
  二、聚焦当代加拿大原住民教育政策的缘由 ················· 3
  三、研究现状 ·· 6
  四、本书的结构 ·· 29
  五、基本概念的界定 ··· 31

第一章 当代加拿大原住民教育政策产生及发展的背景 ······ 38
  一、当代加拿大原住民教育政策的社会背景 ··············· 38
  二、当代加拿大原住民教育政策的教育背景 ··············· 42

第二章 当代加拿大原住民教育政策的理论基础 ··············· 60
  一、多元文化主义 ·· 60
  二、全纳教育思想 ·· 68

第三章 当代加拿大原住民教育政策的基本内容 ··············· 82
  一、加拿大缔结的国际条约中与原住民教育相关的内容
     ··· 83
  二、加拿大联邦法律中与原住民教育相关的内容 ········ 84
  三、联邦与原住民签订的条约和协议中关于教育的政策
     ··· 94
  四、努纳武特地区《2008年教育法》 ························ 99

第四章 当代加拿大原住民教育政策的实施 ··················· 103
  一、幼儿园至12年级原住民教育行动计划 ··············· 104

二、原住民中学后教育行动计划 …………………………… 118
三、原住民职业教育计划 …………………………………… 121
四、加拿大原住民教育保障计划 …………………………… 124

第五章　当代加拿大原住民教育政策的特征 …………………… 126
一、以国家认同为核心 ……………………………………… 126
二、平行主义与融合主义并存的双重路径 ………………… 132
三、原住民教育自治权利赋予与能力培育并重 …………… 138

第六章　当代加拿大原住民教育政策的价值取向 ……………… 143
一、崇尚正义与公平 ………………………………………… 143
二、包容差异 ………………………………………………… 146
三、维护多样性 ……………………………………………… 148
四、寻求可持续发展 ………………………………………… 151

第七章　当代加拿大原住民教育政策对我国少数民族教育的启示
……………………………………………………………… 155
一、将促进民族发展与国家认同教育相结合 ……………… 156
二、将下放教育管理权与培养民族教育管理能力相结合
……………………………………………………………… 158
三、促进民族教育与经济社会协调发展 …………………… 159
四、发挥少数民族社区、家长、长者的作用 ……………… 161

结　语 ………………………………………………………………… 163

附　录 ………………………………………………………………… 167
附录一　《加拿大多元文化主义法》(摘译) ……………… 167
附录二　《西岸第一民族自治协议》(摘译) ……………… 171
附录三　《印第安法》(1985年修订版)摘译 …………… 174

主要参考文献 ………………………………………………………… 177

导　论

一、原住民及少数民族教育政策研究的价值

民族教育是国家教育发展的重要组成部分。民族教育不仅具有教育的一般意义,还在促进民族地区经济社会发展、缔造民族和谐、维护国家统一以及保护和传承文化的多样性等方面具有重要作用。教育政策作为教育发展的指导,是"国家为完成一定教育任务,实现教育目标,而协调教育的内外关系后作出的一种战略性、准则性的规定"[①]。教育政策的好坏成败,对一个国家的现代化进程具有举足轻重的意义。[②] 因此,在全球一体化与民族文化多元化并存的 21 世纪,如何制定和实施既有益于传承和发扬民族文化,又有利于促进经济繁荣和社会稳定的民族教育政策逐渐成为各国政府以及学者关注的焦点。

原住民及少数民族教育发展是维护国家政治稳定的需要。历史上,原住民及少数民族在各国的政治、经济和文化生活中普遍处于被同化和边缘化的境遇。虽然在国家人口总数中占比较小,但他们或以国土的最早主人——"第一民族"自居,或居住在自然资源丰富的地区或边境,有的甚至跨国、跨境居住。全球一

[①] 孙绵涛.教育行政学概论[M].武汉:华中师范大学出版社,1998:93.
[②] 袁振国.教育政策学[M].南京:江苏教育出版社,1996:1.

些热点地区发生的冲突和战争,大都与民族问题处理不当或外国势力插手民族纠纷有关。①因而原住民及少数民族问题常常具有政治性和国际性,关系到民族的和谐和国家的稳定。为了摆脱被同化和受歧视的命运,各原住民及少数民族进行了长期的抗争。20世纪50年代,美国发生了以印第安复原军人为中坚力量的民族自治运动,增强了印第安人的权利意识,政治意识也随之高涨。20世纪60年代,黑人解放运动、亚非的殖民地解放运动风起云涌。这一浪潮引发的泛印第安运动波及加拿大,并在20世纪80年代逐渐发展成为世界范围的原住民运动,推动了原住民及少数民族权利意识和民族意识的觉醒,也促使各国逐步反思并调整其原住民及少数民族政策,以调和国内民族矛盾,维护国家稳定。由于民族教育对于增进文化认同和促进民族团结具有无可替代的作用,因而世界各国和国际组织都把民族教育纳入国家或区域安全战略规划并予以优先考虑和重点扶持。

原住民及少数民族教育发展是实现经济可持续发展的需要。20世纪70年代开始,众多发达国家在经历第二次世界大战后的生育高峰之后开始陆续进入人口持续负增长的时期,发达国家人口老龄化问题日益凸显,经济社会的发展与劳动力人口减少之间的矛盾引起了政府和社会越来越多的关注。原住民及少数民族因为相对较高的生育率而被视为填补人口不断老龄化后出现的劳动力资源缺口的重要来源。但由于原住民及少数民族普遍存在文化教育水平较低、文化素质和科技素养无法适应经济社会发展需要的问题,如何制定和实施有效的民族教育政策以提高原住民及少数民族的教育成就,进而在一定程度上弥补劳动力资源缺口、实现经济可持续发展就成为民族教育政策研究的重要推动力量。

原住民及少数民族教育发展是保护和发展文化多样性的需要。文化在不同的时代和不同的地区具有各种不同的表现形式。这种多样性的具体表现构成人类的各群体和各社会的特性

---

① 王嘉毅.实施倾斜政策,促进少数民族教育快速发展[J].西北师大学报:社会科学版,2009(1):74.

所具有的独特性和多样化。文化多样性是交流、革新和创作的源泉,对人类来讲就像生物多样性对维持生物平衡那样必不可少。从这个意义上讲,文化多样性是人类的共同遗产,应当从当代人和子孙后代的利益考虑予以承认和肯定。① 全世界约有3.7亿原住民,占全球总人口5%左右。原住民分布在六大洲的90多个国家。② 他们传统的生活方式保护了地球上大部分生物多样性和文化多样性。但由于受到全球一体化的巨大冲击,原住民及少数民族文化呈现日渐衰退的趋势,文化多样性面临巨大威胁。作为民族文化传承与创新的重要载体,民族教育的作用不容忽视。如何科学制定和有效实施基于本土文化的民族教育政策逐渐成为各国政府和学者关注的焦点。

二、聚焦当代加拿大原住民教育政策的缘由

加拿大有着悠久的原住民教育历史和比较完备的原住民教育政策体系,在其漫长的原住民教育及其政策实践过程中,既有早期的教训又有当代的丰硕成果,从正反两方面提供了可资借鉴的经验。特别是在历经多次政策演变之后,加拿大成为世界上最早实行多元文化主义政策并在全国范围内广泛推行多元文化主义教育政策的国家。其当代原住民教育政策在维护多族裔国家稳定与发展,传承与发展原住民文化传统及提高原住民教育成就等方面取得了许多实际的成果,为在多民族国家复杂的历史、社会、政治、经济及文化环境下推进原住民教育的发展开辟了一条重要的道路。1876年,加拿大议会通过的第一部《印第安法》规定了政府对印第安人实行强制同化的政策。其目的是要消灭原住民的传统文化,改变他们的社会及政治结构,使他们完全融入英裔"主流社会"。作为当时政府贯彻其同化政策的重要举措,为原住民开办的寄宿学校强迫原住民儿童学习英文、信奉基督教、接受来自欧洲的殖民文化。殖民统治者认为,儿童

---

① 联合国教科文组织.世界文化多样性宣言[R].联合国教科文组织官网,2017-01-21.
② 联合国.土著人民国际日:潘基文呼吁各国信守承诺保障土著人民权益[R].联合国官网,2013-08-09.

比成年人的可塑性强,将他们带出家庭与社区,远离熟悉的生活环境几年或数十年,让他们在联邦政府和教会开办的寄宿制学校接受教育,可以达到将原住民文化消灭在儿童阶段的效果。1884年,联邦政府对《印第安法》进行修改并规定:16岁以下的有身份的印第安人必须到寄宿制学校接受义务教育,直到18岁。1920年,政府进一步修改《印第安法》,强制规定无论有无印第安身份,所有7~15岁的印第安儿童必须到寄宿制学校接受教育。由于受到原住民的抵触以及办学经费不足等问题,这项政策虽然并未达到政府预先设定的同化目的,但割裂了原住民年轻一代与其传统文化的纽带,对原住民族群的身份认同及文化传承的破坏性影响至今难以磨灭。第二次世界大战后,随着美国的民权运动和亚非风起云涌的反殖民斗争以及国内联邦政府与教会伙伴关系的解除,加拿大政府改变了长期以来对原住民实行的同化政策,在政治、经济、教育、文化及社会福利等方面进行变革。政府在这一时期对原住民的需求做了大量调查并发布报告。其中著名的豪森报告①建议停止寄宿制学校的运行并得到政府的支持。联邦政府随后逐渐关闭寄宿制学校,将原住民学生整合进入省属学校,对原住民的教育政策也体现出促进"融合"的趋势。1971年,特鲁多政府颁布了《双语框架内的多元文化主义政策宣言》,宣布实行多元文化主义政策,原住民的教育权利也得到越来越多的承认。1972年,"全国印第安人兄弟会"提出《印第安人管理印第安人教育》的报告,率先要求对印第安人的教育进行改革;联邦政府随后接受了印第安人教育自治的建议,并将这一政策作为原住民未来教育的指导性意见,开启了加拿大原住民教育的当代篇章。

　　随着原住民教育自治政策的逐步实施,原住民教育状况得到逐步改善,取得了一系列积极的成果。原住民社区管理的学校数量逐渐增加,其师资力量和教学水平也不断得到改进,入学

---

① Hawthorn, H.B. (Ed.). A Survey of the Contemporary Indians of Canada: A Report on Economic, Political and Educational Needs and Policies. Volume II [R]. Ottawa: Indian Affairs Branch, 1967:61-94.https://www.aadnc-aandc.gc.ca, 2016-02-10.

人数和学生学业成就也有较大幅度的提高。加拿大原住民教育在几百年的发展历程中,经历了从"同化"到"多元文化"的发展路径,建立了比较完善的原住民教育制度和体系。在以德、英、法为代表的欧洲国家纷纷放弃多元文化主义的时候①,加拿大原住民教育在全球原住民及少数民族教育中更凸显出其典型性。

我国是一个拥有56个民族的多民族国家,55个少数民族和汉民族共同缔造了中华民族的悠久历史和璀璨文明。尽管少数民族人口在全国总人口中的占比不到10%,但其分布地域极其广泛,少数民族自治地方面积占全国的60%以上,且多数民族地区位于边境线附近。中华人民共和国成立以来,特别是改革开放之后,国家出台了一系列政策,积极扶持民族地区发展。短短半个多世纪,少数民族地区呈现生产发展、生活改善、人口兴旺、民族繁荣的景象。少数民族教育事业也取得了迅速的发展和巨大的成就,基本建立起了较为完整的少数民族教育体系,其教育普及率和教育质量都有大幅提升。但由于发展的历史尚短,我国少数民族教育仍然存在"普九"水平相对较低、职业技术教育发展滞后、高层次人才缺乏、学生学业成就相对较低等问题。少数民族教育的发展水平仍然不能很好地适应国家经济社会发展的需要。因此,对国外原住民及少数民族教育政策开展深入研究有助于增进对我国少数民族教育政策的理解,并可将国外经验的启示结合国情,推进我国的少数民族教育政策改革。

加拿大和中国都是多民族国家,加拿大原住民教育问题和我国少数民族教育问题具有一定的相似性,也面临着许多共同

---

① 荷兰曾被视为多元文化主义政策的典范国家,是唯一全额资助少数族群以"自己的语言和文化"实施教育的国家。荷兰允许在公立学校中建立少数族群班级,也允许各族群建立自己的初等和中等学校。但自美国"9·11"事件以后,荷兰的多元文化主义政策因受质疑而发生了急速转向,并对该国的多元文化主义教育政策带来巨大影响。澳大利亚作为最早推行多元文化主义政策的国家之一,国内的右翼政治势力自20世纪90年代一直在强调民族国家认同,呼吁在社会各领域剔除少数族群的认同,进而将多元文化整合为澳大利亚白人移民传统的认同。2010年,德国总理默克尔宣布多元文化主义已经完全失败了;在2011年的慕尼黑安全政策会议上,英国首相卡梅伦也认为"多元文化主义失败了",并呼吁寻找新的社会整合政策。随后,时任法国总统萨科齐、荷兰副首相马克西姆·费尔巴哈等相继宣布多元文化主义政策在本国的失败。

的挑战。在中加两国，原住民和少数民族在经济、社会等各项事业的发展相对滞后，教育成就普遍低于全国平均水平。同时，两国都有法律和政策上的相关规定保护原住民和少数民族的教育权利。因此，追溯加拿大原住民教育政策由"同化"到"多元文化主义"演变的过程，分析政策的内容、实施、特征及价值取向，深入开展中加原住民和少数民族教育政策的比较研究，对于探究原住民和少数民族教育政策的发展规律及启示，推进我国少数民族教育政策改革大有裨益。

2013年，笔者有幸参与由加拿大社会科学与人文研究理事会(SSHRC)资助、加拿大温莎大学许世静教授和加拿大多伦多大学迈克尔·康奈利教授联合主持的中加教师教育和学校教育互惠学习合作项目，并于同年9—12月赴温莎大学交流学习。中加互惠学习项目以教师教育和学校教育为主建立互惠学习机会，让中国和加拿大的教育者相互学习、增进理解、建立互惠理解关系。交流学习期间，在许世静教授的帮助下，笔者到原住民保留区Walpole Island①开展了原住民教育专题调研。正是这次经历让笔者对加拿大原住民教育产生了浓厚的兴趣，并由此开始了对加拿大原住民教育政策的研究。2019—2020年，笔者再次赴加拿大温莎大学访学，并通过深入调研进一步深化了相关研究。

三、研究现状

加拿大多元文化主义教育历经近半个世纪的发展取得了举世瞩目的成就，一直受到学术界广泛关注。加拿大原住民教育政策因为其历史的、社会的、文化的原因而具有的复杂性和独特性也为学者的研究提供了丰富的素材。

当前国外对当代加拿大原住民教育政策的研究主要集中于对教育政策背景、历史演进、实施以及多元文化主义和多元文化

---

① Walpole Island 是"Bkejwanong 第一民族"的保留区，位于加拿大安大略省五大湖区，以其丰富的湿地、橡树草原以及高草普列利群落闻名。全加拿大 Bkejwanong 第一民族人口4 860人，其中2 371人居住在此。

主义教育等方面的研究。

一定历史时期的教育政策总是和当时的社会政治、经济、文化等背景密不可分的。对加拿大原住民教育政策背景的研究主要集中于对原住民历史、社会及教育现状的研究。奥利芙·帕特丽夏·迪克逊(Olive Patricia Dickason)是研究加拿大原住民历史和社会问题的代表人物。她对原住民尤其是第一民族的历史做了详细的介绍,包括欧洲拓荒者到达北美大陆之前印第安人的生产生活、英法殖民时期印第安人遭受的隔离与同化、加拿大建国至今第一民族追求民族自治的艰难历程等。① 她与大卫·朗(David Long)在对加拿大第一民族、因纽特人和梅蒂斯人的历史进行梳理的基础上,就他们现今面临的问题,特别是原住民自治问题、原住民青年问题等做了较为深入的研究。② 克里斯汀·伯内特(Kristin Burnett)和杰夫·里德(Geoff Read)从原住民精神与身份认同、联邦印第安政策、寄宿制学校、原住民经济、原住民自治等几个方面对原住民的历史做了梳理。③

关于原住民教育现状的研究也是学者们研究的重点。近年,加拿大"生活标准研究中心 CSLS"从经济学的视角对加拿大原住民教育的投资进行了考察并发布了调查报告。④ 报告指出,改善原住民的社会经济地位不仅是道德的要求,而且在未来也会给加拿大社会带来巨大的实质性利益,尤其是原住民人口对缓解因人口老龄化和出生率低下而引起的劳动力长期短缺方面起着至关重要的作用。报告从教育成就与加拿大劳动力市场的关系、原住民人口对加拿大的重要性、原住民的经济成就、缩小

---

① Dickason, O.P. Canada's First Nations: A History of Founding Peoples from Earliest Times [M]. Don Mills, ON: Oxford University Press, 2002:1-18.

② Long, D., & Dickason, O.P. (Eds.).Visions of the Heart: Canadian Aboriginal Issues [M]. Toronto: Harcourt Brace Canada,1996:16-21.

③ Burnett, K., & Read, G. (Eds.). Aboriginal History: A Reader [M]. DonMills, ON: Oxford University Press,2012:168-192.

④ Sharpe, A. Investing in Aboriginal Education in Canada: An Economic Perspective[R]. Ottawa: Center for Study of Living Standard, 2010:3-23.

原住民与非原住民在教育和社会地位上的差距的评估等方面进行了较为详细的论述,从经济学的视角阐述了发展原住民教育的重要意义。加拿大原住民政策研究中心杰瑞·P.怀特(Jerry P. White)教授从社会资本、榜样效力、文化开放度、社区能力四个核心要素入手,考察了社会资本对加拿大、澳大利亚和新西兰原住民教育成就的影响,从一个新的视角对原住民教育开展研究。① 不列颠哥伦比亚大学琼·巴曼(Jean Barman)教授和简·黑尔(Jan Hare)则从课程、教学以及联邦政府资助等几个方面对原住民教育的现状进行了评述。② 尽管原住民的教育问题有所改进,但仍然存在诸多不足,原住民和非原住民之间存在的教育差距仍然不容忽视,尤其是在经济全球化的今天,教育作为改变原住民生活的重要手段尤其应该受到重视。罗伯特·W.海伯(Robert Wesley Heber)和K.P.宾达(K. P. Binda)在对原住民城市化进程问题的研究中都认为原住民教育还面临着巨大的挑战。罗伯特·W.海伯在对印第安人与政府的历史关系的演变及政府关于印第安人的教育政策和城市教育的评述中指出,历史关系、政府政策、变化的形势以及社会经济挑战等多重因素导致加拿大原住民在正规教育和教育机会方面仍落后于整个国家的水准。他尤其指出联邦政府对原住民中学后教育缺乏应有的关注和投入。尽管原住民教育成就有所改善,但他们仍面临着传统文化保护以及中学后教育机会和资源相对缺乏的挑战。③ K.P.宾达强调指出,政府应当站在原住民的立场,采取有别于新殖民主义的措施,将去殖民主义与强调原住民权利相结合,促进城市

---

① White, J.P., Spence, N. & Maxim, P.A. New Approach to Understanding Aboriginal Educational Outcomes: The Role of Social Capital[A]//White, J.P., Peters, J., Beavon, D. & Spence, N. (Eds.). Aboriginal Education: Current Crisis and Future Alternatives[C]. Toronto, Ontario: Thompson Education Publishing, INC, 2009:249-263.

② Hare, J. & Barman, J. Aboriginal education: Is there a way ahead? [A]//Long, D. & Dickason, O.P. (Eds.).Visions of the Heart: Canadian Aboriginal Issues[C]. Toronto: Harcourt Brace Canada, 2000:331-359.

③ 罗伯特·W.海伯.加拿大城市原住民教育所面临的问题[J].熊耕,译.北京大学教育评论,2008(2):67-71.

原住民教育及原住民整体教育的发展。① 同时,他还从后现代批判的视角解构了原住民的教育分权问题。原住民社区与联邦政府、省政府以及原住民社区之间的相互协作是实现教育自治的有效途径,这不仅有利于原住民教育分权的实现、联邦政府松散权利的转让,而且也能更好地促进加拿大社会的整体发展。② M. B.卡斯特利亚诺(M. B. Castellano)和 L.戴维斯(L. Davis)从寻求原住民教育政策的相互理解出发,论述了20世纪后半叶加拿大原住民教育面临的机遇以及挑战,进一步提出民族教育自治对民族的政治地位、社会经济发展以及民族文化的传承和发扬的重要意义。③

加拿大原住民教育政策经历了从隔离到同化最后走向多元文化主义的发展历程,其政策演变也备受学界关注。杰瑞·帕克特(Jerry Paquette)较为全面地回顾了加拿大原住民教育政策的发展历程。在此基础上,他提出面对原住民教育问题,联邦政府应通过建立全国原住民教育政策及计划委员会、颁布原住民教育计划、加强省政府的参与和建立原住民教育联盟等措施,适当增加政策的灵活性。他尤其强调了原住民自身教育管理能力的提高对原住民教育自治的重要性。④ 就如何既满足省/地区教育系统的课程标准要求又能为原住民学生提供真正高质量的民族教育问题,杰瑞·帕克特和杰拉尔德·法伦(Gerald Fallon)对20世纪80年代以来加拿大第一民族的教育政策进行了深入研究。他们从政策出台的背景、政策的主要内容、政策的评价等方面对现行的第一民族教育政策进行了评析,并强调了政策应为

---

① Binda, K. P. Native Diaspora and Urban Education: Class Culture and Intractable Problems [A]//Binda, K. P. & Calliou, S. (Eds.), Aboriginal Education in Canada: A Study in Decolonization[C]. Mississauga: Canadian Educators' Press, 2001:179-194.

② Binda, K. P. Decentralization and the Development of Aboriginal Education System: New Genesis [A]//Binda, K. P. & Calliou, S. (Eds.), Aboriginal Education in Canada: A study in Decolonization[C]. Mississauga: Canadian Educators' Press, 2001:35-58.

③ Castellano, M. B. & Davis, L. (Eds.). Aboriginal Education: Fulfilling the Promise [M]. Vancouver: The University of British Columbia Press,2000:20-31.

④ Paquette, J. Aboriginal Self-government and Education in Canada [M]. Institute of Intergovernmental Relations. Kingston, Ontario,1986:31-65.

第一民族赋予更多自治权利。教育改革并不是自治的前提条件,二者必须共同发展、相互促进。人们应从单纯关注原住民和非原住民各自发展的角度转移到如何构建二者协同共生、可持续发展的环境上来。生物的、社会文化的差异是原住民和非原住民教育的基础。个体用于自我定义的价值观、情感态度和生活方式必须整合进教育这一全面的可持续发展的生态系统之中。[①]因而,他们强调了价值观、道德准则和伦理规范在原住民教育发展中的基础性作用。洛伦佐·凯鲁比尼(Lorenzo Cherubini)以加拿大安大略省北方的两所公立学校为对象考察了安大略省职前教育和原住民教育的基本情况。这两所公立学校的原住民学生占到绝大多数。通过对两校的校长、教育管理者以及教师的访谈,洛伦佐·凯鲁比尼认为,语言和文化是原住民本土知识得以存续的最重要因素,是原住民教育不可替代的重要资源。安大略省无论在职前教育还是职后教育中对原住民的本土知识认知还不够充分,教育中为原住民提供的多元文化背景知识相对欠缺,有被主流教育边缘化的倾向。[②]西安大略大学保罗·S.麦克斯(Paul S. Maxim)教授对加拿大原住民和中国少数民族教育政策进行了比较研究。加拿大和中国因为历史、政治、文化等方面的原因,两个国家的少数民族群体在政治、经济、教育等方面都享有一定的特权,但围绕这些权利和特权存在的问题和争议为两国的教育政策提出了挑战:首先,如何平衡国家的普遍公民享受"公平"待遇与少数人差别权利之间的关系;其次,如何协调少数人差别权利与国家干预的权利和义务之间的关系。麦克斯认为,加拿大原住民教育必须具有双重文化功能:对原住民文化的传承和与主流文化的整合。原住民的历史文化是加拿大历史文化的根源所在,必须通过教育传承和发扬这一文化特质;与此同

[①] Paquette, J. & Fallon, G. First Nations Education Policy in Canada: Progress or Gridlock? [M]. University of Toronto press, 2010:200-273.

[②] Cherubini, L. Understanding the Marginalized in the Mainstream: Teacher Education and Aboriginal Educational Policy in Ontario (Canada) [J]. International Journal of Education, 2011 (3):1-21.

时,原住民群体又不是孤立的存在,他们必须适应主流社会的发展,与主流文化相融合。在分析"整合"与"同化"的异同的基础上,麦克斯尤其强调了在多元文化的进程中保持文化自觉的重要意义。① 瑞塔·古尔斯(Ratua Ghosh)和艾里·A.埃迪(Ali A. Abdi)对加拿大移民特别是英裔和法裔群体的历史做了详细的回顾和梳理。对多元文化主义理论和多元文化主义教育政策的产生和演变做了宏观的介绍,为研究者理解加拿大多元文化背景下不同群体教育与政治诉求的差异提供了新的视角。②

不少国外学者也对加拿大原住民教育政策的实施尤其是分阶段的实施展开了研究。D.H.普维斯(D. H. Poonwassie)从原住民父母参与儿童早期教育以及父母自身的教育两个角度强调了原住民儿童早期教育对于促进原住民族整体教育水平的重要性。③ 马戈·格瑞伍德(Margo Greenwood)、萨拉·德莱乌(Sarah de Leeuw)和蒂娜·尼哥若玛塔·弗雷泽(Tina Ngaroimata Fraser)尝试对加拿大原住民儿童早期教育与发展展开研究。他们回顾了16世纪以来加拿大原住民教育,尤其是20世纪80年代以来儿童早期教育的发展,对儿童早期教育政策计划做了梳理,对基于原住民社区的教育计划对原住民儿童发展的重要意义也予以了论述。与此同时,他们还从经济和政治的角度强调了儿童早期教育不仅对原住民而且对加拿大整个国家发展而言都具有重要的战略意义。④ 杰瑞·P.怀特、朱莉·彼得斯(Julie Peters)和丹·比文(Dan Beavon)以阿尔伯特省为对象,考察了如何在第

---

① Maxim, P. S. Aboriginal and Minority Education Policy in Canada and China: Common Challenges [J]. Academy, 2010(5):47-54.

② Ghosh,k. & Abdi,A.A Education and the Politics of Difference—Canadian Perspectives [M].Toronto:Canadian Scholar's Press, 2004:210-238.

③ Poonwassie, D. H. Parental Involvement as Adult Education: A Microstrategy for Change [A]//Binda, K. P. & Calliou, S. (Eds.), Aboriginal Education in Canada: A study in Decolonization[C]. Mississauga: Canadian Educators' Press, 2001:155-166.

④ Greenwood, M., Leeuw, S. D., & Fraser, T.N. Aboriginal Children and Early Childhood Development and Education in Canada: Linking the Past and the Present to the Future [J]. Canadian Journal of Native Education, 2007, 30(1):5-18.

一民族学生中应用标准化测试以促进学生学业成就的成功经验。① 加拿大学习委员会原住民学习知识中心以加拿大第一民族大学、不列颠哥伦比亚原住民管理学院、曼尼托巴省布兰登大学北方教师教育项目和努纳武特北极学院为例,从管理、政策以及课程等方面论证了教育自治对于原住民教育成就的重要性。② 布莱尔·斯东切德(Blair Stonechild)教授首次从历史和政策的角度对加拿大原住民中学后教育做了较为全面的论述。原住民中学后教育政策从早期作为政府同化和文化压制的手段逐步发展成为原住民民族自决与自治的方式。他还特别介绍了由原住民自治的曼尼托巴大学和第一民族大学的成立历史,并强调指出政府应当给予原住民建立并管理其中学后教育的权利,以真正实现原住民文化的传承。③ 由于原住民身份及个人的教育经历,布莱尔·斯东切德深刻揭示了加拿大在中学后教育问题上对待原住民和非原住民的巨大差异,也因此在加拿大全社会引起了强烈反响。

加拿大中学后教育植根于工业/后工业范式,其目的是为学生的社会文化和经济生活作准备,教育政策为大多数人而非少数群体的利益所驱使,尤其是原住民的人口占比较小,其利益和诉求更容易被忽视。杰瑞·帕克特和杰拉尔德·法伦在对原住民中学后教育进行论述时指出,原住民中学后教育受到两个最根本而又相互交织的因素制约:一是在省级教育系统的管辖之下,其发展必然受制于某些特殊的省立法规;二是原住民学生参与中学后教育计划直至取得成功受到一系列要素的影响,包括:①小学和中学阶段的基础教育不够牢固;②童年和青少年时期

---

① White, J. P., Peters, J. & Beavon, D. Enhancing Educational Attainment for First Nations Children[A]//White, J.P., Peters, J., Beavon, D.& Spence, N. Aboriginal Education: Current Crisis and Future Alternatives [C]. Toronto, Ontario: Thompson Education Publishing, INC, 2009:117-174.

② Saskatchewan Ministry of Education. Post-secondary Education: In Support of First Nations and Inuit Students[R]. Saskatoon: University of Saskatchewan, Aboriginal Education Research Centre, 2008:5.

③ Stonechild, B. The New Buffalo: The Struggle for Aboriginal Post-secondary Education in Canada [M]. Manitoba: University of Manitoba Press, 2006:54-70.

不稳定的成长环境造成的社会和情感问题;③在中学后教育环境中经历的文化冲突;④在中学后教育计划、机构和环境中主观觉察或客观存在的对原住民的偏见甚至敌意;⑤高等教育机构里的纲领性倡议只是为了保留原住民学生,往往忽视、排斥、反对甚至压制原住民的成就、知识、历史和发展愿景;⑥在工业范式之下,中学后教育几乎完全忽视了原住民知识和传统文化;⑦原住民对中学后教育成就与其生活质量的关系缺乏正确认识。①

政策的实施方面,除了分阶段的研究,原住民教育课程的设置与整合也受到不少学者的关注。语言是民族成员思维、交流的工具,是人们认识世界和改造世界的重要途径,因而相当一部分学者对原住民教育课程的研究集中在了对原住民语言的复兴和传承上。玛瑞·巴蒂斯特(Marie Battiste)以原住民传统文化的传承与公立学校课程中欧洲中心主义的矛盾关系为切入点,论述了语言在原住民本土知识构建及自我认同中的重要作用。她强调指出,不仅仅是人们关于原住民语言的知识需要改变,更应该改变的是因主流文化影响根深蒂固,人们潜意识形成的文化假设和偏见。② 尽管印第安人控制印第安教育政策已经实施了近半个世纪,但是关于原住民教育的课程改革特别是语言教育却发展缓慢。肯尼斯·保班尼科斯(Kenneth Paupanekis)和大卫·未斯特福尔(David Westfall)教授在研究原住民本土语言教育计划时从持续的书写系统的必要性、语言教育和语言学、教师的职后教育、对标准化项目的创造性利用、多媒体在语言学习中的运用以及语言教授方式的多样化等六个方面对如何有效实施原住民语言教育计划以保护和传承原住民语言提出了可供操作的建设性意见。③ 艾琳·安东尼(Eileen Antone)从原住民社

---

① Jerry Paquette, Gerald Fallon. First Nations education policy in Canada: progress or gridlock? [M]. Toronto: University of Toronto press, 2010:124-167.

② Battiste, M. Enabling the Autumn Seed: Toward a Decolonized Approach to Aboriginal Knowledge, Language, and Education [J]. Canadian Journal of Native Education, 1998, 22(1): 16-27.

③ Paupanekis, K & Westfall, D. Teaching Native Language Programs: Survival Strategies [A]//Binda, K. P. & Calliou, S. (Eds.), Aboriginal Education in Canada: A study in Decolonization[C]. Mississauga: Canadian Educators' Press, 2001:89-104.

区的读写学习计划入手展开研究,介绍了将原住民传统文化、方法论与原住民读写学习相整合的几种模式。他认为,这些有别于同化的整合模式的实施也正是原住民由受压迫走向复兴的过程,这对于原住民文化、精神及世界观的复兴具有重要意义。①基于教师培训以及多年原住民教学的经验,曼尼托巴大学雅塔·卡努(Yatta Kanu)教授从原住民视角与学校课程整合的现实意义、理论基础、实践可能等几个方面就如何将原住民文化与主流学校教育有效整合做了较为系统的研究。她从课程的哲学基础、课程内容与学习资源、教学策略、评价方法、学习效果等五个层面对原住民教育的课程整合提出了自己独到的见解,并就课程整合过程中教师、学校、原住民社区各自的职责予以了较为详细论述。她强调指出,课程理论重构对于真正实现原住民教育复兴具有尤其重要的意义。② 默里·史密斯(Murray Smith)博士从批判理论和后现代主义视角对原住民教育的课程、语言及标准等予以阐述。他认为,将欧洲中心观念和原住民观念相整合,构建整体的、后现代主义视阈的课程对原住民真正摆脱殖民体系的束缚,真正取得自己的教育成就至关重要。③ 艾丽卡·里根(Erica Neegan)从历史和现实的视角分析了加拿大以英、法裔文化为主导的教育体系对原住民教育的压制与忽略。她认为,尽管加拿大政府致力于推动原住民教育,但是在诸如原住民文化与主流教育课程的真正整合、原住民世界观与方法论在主流教育体系中的培育和传承等方面仍存在不足。④

当代加拿大原住民教育深受多元文化主义的影响,故而对

---

① Antone, E. Culturally Framing Aboriginal Literacy and Learning [J]. Canadian Journal of Native Education, 2003, 27(1):7-15.

② Kanu, Y. Integrating Aboriginal Perspectives into the School Curriculum: Purposes, Possibilities, and Challenges [M]. Toronto: University of Toronto Press, 2011:35-37.

③ Smith, M. Relevant Curricula and School Knowledge: New Horizons [A]//Binda, K. P. & Calliou, S. (Eds.), Aboriginal Education in Canada: A study in Decolonization [C]. Mississauga: Canadian Educators' Press, 2001:77-88.

④ Neegan, E. Excuse Me: Who Are the First Peoples of Canada? A Historical Analysis of Aboriginal Education in Canada Then and Now [J]. International Journal of Inclusive Education, 2005, 9(1):3-15.

加拿大原住民教育的研究自然不能脱离对多元文化主义的研究。诸多研究者从政治、经济、教育等角度对多元文化主义予以了广泛而热烈的探讨。通过对相关研究的梳理可以发现，由于受政治、经济、文化的影响，对于多元文化主义的研究近几十年来在北美的学术界更加活跃。尤其是在多民族与多文化并存的加拿大，多元文化主义拥有广泛的支持者。加拿大学术界较之于其他国家，对多元文化主义似乎更加热衷。他们对多元文化主义的定义与内涵进行了较为深入和系统的探讨，充分肯定了多元文化主义在多民族国家建构中的重要意义。同时，他们对多元文化主义框架下的教育政策提出了自己的主张，为当今多元文化主义视域下的教育政策研究奠定了良好的思想理论基础。对于多元文化主义的定义，虽然西方理论界并未形成完全统一的概念，但能看到，多元文化主义并非一个单一的概念，其包含了多重含义。罗伊(Donald H.Roy)认为"多元文化主义"至少包括三个方面：种族歧视与男性至上主义制度的结束并给予妇女与少数民族公民权；一个新的全面的多元文化，包括迄今仍处于社会边缘的种族文化的形成；一种比较与差异的文化世界观以及实现不同文化之间的相互理解。① 沃特森(C. W. Watson)则提出：多元文化主义首先是一种文化观，其次是一种历史观，再次是一种教育理念，最后多元文化主义是一种公共政策。② 还有研究者认为"多元文化主义"有三种含义：鼓励保持群体的传统和充分参与加拿大社会的权利；文化多元主义的哲学或意识形态；种族多样性的社会特征。③ 尽管学者们对多元文化主义并未给出一个统一的定义，但是多元文化主义理论一经诞生便对西方的传统信条提出了严峻挑战。而随着社会弱势群体政治意识不断增强，多元文化主义也逐渐成为西方国家的一种社会思潮，在各个领域产生反响，引起共鸣。受此影响，研究

---

① Roy, D. H. The Reuniting of American: Eleven Multiculturalism Dialogues [M]. NewYork: Peter Lang Publishing Inc., 1996:217.

② Watson, C.W. Concepts in the Social Science: Multiculturalism [M]. Buckingham Philadelphia Open University Press, 2000:Preface.

③ Minister of Supply and Service Canada. Canada Studies Resource Guides[R].1998:1.

者们对多元文化主义在西方社会发展进程中的重要地位与作用进行了大量探索,也对多元文化主义对教育带来的影响予以了深入解析。其中,莫顿(W.L.Morton)、金里卡(Will Kymlicka)、卡里尔(Roch Carrier)、罗伯茨(Lance W.Roberts)、布基尼亚尼(Norman.Buchignani)、克利夫顿(Rodney A.Clifton)等人的思想具有较大的影响力。

莫顿是西方较早探索多元文化主义的代表人物,其在20世纪70年代就通过对加拿大民族身份发展历程的分析指出了加拿大人的自主选择是左右加拿大独特历史命运的重要因素之一。[1] 另一些学者则从政治学和社会学的视域对族群身份与阶级构成展开研究。波特(John Porter)在1965年曾指出,加拿大的社会结构更像是一个垂直的马赛克,而且,不同文化族群间的等级关系也逐渐成为政治学领域研究的主要内容之一。

多元文化主义研究领域的另一个代表人物威尔·金里卡[2]是对多元文化理论和实践进行较好结合的研究者之一。在金里卡的思想中,自治权对于维护社会团结意义重大。他认为"族类群体和民族群体的许多诉求,是与主张个人自由和社会公正的自由主义原则相一致的"[3]。他在其代表作《多元文化的公民身份———一种自由主义的少数群体权利理论》中不仅对少数民族人民的权利的内涵作出了较全面的阐释,而且对民族主义和多元文化主义的模式等方面的问题也进行了综合研究。[4] 金里卡结合自由主义的核心价值,试图寻找关于少数族群权利的自由主义道路。他从政治、教育等方面对民族主义作了系统研究。长期以来,倡导种族差异与推进政治统一一直被一些研究者认为是完全相反的两条道路,但金里卡却将它们在其国家认同的

---

[1] Morton, W. L. The Canadian ldentity[M].Toronto:University of Toronto Press,1972:96.
[2] 由于译者不同,对加拿大著名学者Will Kymlicka名字的译法常见的有威尔·金利卡和威尔·金里卡两种。本书为尊重原译者,两种译法均有使用。
[3] 威尔·金里卡.多元文化的公民身份———一种自由主义的少数群体权利理论[M].马莉,等,译.北京:中央民族大学出版社,2009:274.
[4] 威尔·金里卡.多元文化的公民身份———一种自由主义的少数群体权利理论[M].马莉,等,译.北京:中央民族大学出版社,2009:188-206.

理念之中予以了统一,提出了通过满足少数群体的权利来解决各国内部族裔冲突的重要思想。① 通过分析,金里卡指出,对过分强调少数权利的公平性的怀疑导致人们对少数权利充满戒心,但事实证明,文化包容与差异原则不仅没有破坏公平,反而为少数族群不利处境的改善以及社会的公平与正义带来了提升。因此,自由主义的正义理论曾经忽视的认同、语言、文化成员身份等重要权益应成为多元文化主义研究的焦点。② 不仅如此,金里卡也指出,多元文化主义并非加拿大所独有,只不过各国多元文化主义政策所带来的实效有所差异而已。③ 针对部分学者对多元文化主义的批判,金里卡以多元文化主义对加拿大社会的促进为切入点,分析了加拿大采取多元文化主义政策的历史必然性。④

与金里卡的观点相似的还有布基尼亚尼、罗伯茨、卡里尔等人。布基尼亚尼等认为,不同种族、群体在保持民族身份的同时能确立统一的国家认同感很大程度上得益于多元文化主义。⑤ 罗伯茨和克利夫顿也认为,多元文化主义的价值不仅仅在于使种族成员在自身的小群体中保持归属感,还可以使其在参与到整个工业社会中时受益。⑥ 此外,福布斯(Hugh Donald Forbes)也指出,过往的某些统治者选择多元文化主义政策是在尊重加拿大社会现实的基础上,建立和谐的族群关系以及超越民族主义的民主模式。梁浩瀚在研究多元文化主义内涵演变的同时,

---

① 威尔·金里卡.少数的权利:民族主义、多元文化主义和公民[M].邓红风,译.上海:上海世纪出版集团,2005:22-28.

② Kymlicka, W. & Norman, W. Citizenship in Culturally Diverse Societies: Issues, Contexts, Concepts [A]//Kymlicka, W. & Norman, W(eds). Citizenship in Diverse Societiy [C]. Oxford: Oxford University Press, 2000:3-5.

③ Kymlicka, W. Canadian Multiculturalism in Historical and Comparative Perspective: Is Canada Unique? [M]. Oxford: Oxford University Press, 1997:28.

④ Kymlicka, W. Finding our Way: Rethinking Ethno cultural Relations in Canada [M]. Toronto: Oxford University Press, 1999:220.

⑤ Buchignani, N. Continuous Journey: A Social Histroy of South and Canada [M]. Toronto: McClelland and Stewart, 1985:227.

⑥ Li, P.S. Race and Ethnic Relation in Canada [M]. Toronto: Oxford University Press, 1990:133.

探讨了多元文化主义政策的意义。① 他认为,虽然多元文化主义并非有效处理民族关系的唯一途径,但至少是未来一段时期内将长期存在的航标灯。他通过对加拿大的分析,指出除了建构国家认同之外,多元文化主义的重要性还在于为加拿大成为一个包容、平等和民主的社会提供了保证。因而,多元文化主义的原则、价值与自由、民主的社会所倡导的价值理念具有某种程度的一致性。

当然,对于上述研究者的观点,一些西方传统信条的拥护者也提出了质疑和反对。比森达斯(Neil Bissoondath)就明确指出,对多元文化的保护和促进并未推动各族群的团结,反而加深了他们心理上的分裂与隔阂,不利于政治认同和社会团结。一些官方的研究报告也认为,随着大量移民的不断涌入,不同文化、不同知识结构之间的差距与隔阂也影响着加拿大的社会整合。文化鸿沟的存在不仅没有使不同文化之间的联合与整合得以实现,反而使加拿大社会陷入一种"虚假联合"之中。② 这一论断得到了诸多历史学家与社会学家的支持。帕尔默(Howard Palmer)认为多元文化主义政策不过是联邦政府为安抚西部地区对双语政策的抗议以及为赢得少数族裔支持而实施的妥协。③ 伯内特(Jean Burnet)也对多元文化主义政策大加批评。④ 拉姆查兰(Subhas Ramcharan)更是认为多元文化主义事实上导致的体制安排上的不平等正在逐渐加剧。⑤ 他的这一观点也得到了李(Peter S.Li)和博拉亚(B.Singh Bolaria)等社会学家的支持,他们进一步强调了种族不平等和种族歧视是植根于政治与经济基

---

① 梁浩翰.21世纪加拿大多元文化主义:挑战与争论[J].陈耀祖,译.广西民族大学学报:哲学社会科学版,2015,37(2):41-48.

② Kunz, J.L. From Mosaic to Harmony: Multicultural Canada in the 21st Century Results of Regional Roundtables [J]. Government of Canada, 2007(3):11-24.

③ Palmer, H. Coming Canadians: An Introductory Histroy to Canada's Peoples [M]. Toronto: Mc Clelland and Stewart, 1988:34-38.

④ Burnet, J. Multiculturalism Ten Year Later [A]//Elliott, J. L. (ed.), Two Nations, Many Cultures[C]. Toronto: Scarborough,1983:241.

⑤ Ramcharan, S. Racism, Nationalities in Canada [M]. Toronto: Oxford University Press, 1982:110.

础之上的难题,而不能仅仅依靠一种所谓的文化方案去解决。[1]

除了多元文化主义教育,全纳教育作为兴起于20世纪90年代的一股具有全球影响的教育思潮,对原住民和少数民族教育也产生了广泛而深远的影响。1994年,联合国教科文组织等在西班牙萨拉曼卡召开"世界特殊需要教育大会",发布了《萨拉曼卡宣言》,正式提出了"全纳教育"的理念。"全纳教育"的理念一经提出就在国际上获得了广泛的响应,并对加拿大原住民教育政策也产生了巨大的影响。以联合国教科文组织为代表的国际组织及各国教育学者对全纳教育开展了广泛的研究。联合国教科文组织出版的《全纳教育共享手册》[2]对全纳教育的原理进行了集中阐述,指出:全纳教育思想的出发点是基于对受教育权是基本人权的确信和承认,全纳教育的目的是要在全民教育的基础上推进学校为所有学生提供平等而有质量的教育的机会,尊重并接受学生各自的差异性和特点,构建学校与社区有机衔接的全纳教育系统。《全纳教育共享手册》(简称《手册》)中的思想实际上可以看作是对联合国《世界人权宣言》《儿童权利公约》及教科文组织发布的各相关宣言所倡导的教育思想所进行的总结和提炼的成果。国外教育界在开展全纳教育相关研究时,学者们总体上的思想观点基本上都与《手册》的观点保持一致。

加拿大学者对全纳教育也开展了积极的研究。尽管在实施的具体方式与途径、教育对象、目标任务等方面仍然存在一些分歧,但绝大多数的加拿大学者对全纳教育持支持和赞成的态度是不争的事实。约翰·瓦尔克(John Valk)从加拿大的视角对全纳教育进行了分析和研究。他认为,加拿大社会是一个多元文化的社会,但本质上更是一个全纳的社会,实施全纳教育是加拿大多元文化的社会实际和尊重人的基本权利与自由的理所当然

---

[1] Li, P.S. & Bolaria, S. B. Racial Minorities in Multicultural Canada, Toronto [A]// Francis, R.D., Richard Jones, Donald B. Smith.Destines: Canadian History since Cofderation[C]. Toronto: Harcout Brace and Company Canada Inc., 1992:462.

[2] 联合国教科文组织.全纳教育共享手册[M].陈云英,杨希洁,赫尔实,译.北京:华夏出版社,2004:8.

的要求。尽管不完美,但全纳教育确实令加拿大的公共教育体系变得更加开放,也使学生得到更多的自由和选择与参与的权利,有利于加拿大共同意识、归属感和社会团结的形成。① 乔迪·R.卡尔(Jody R. Carr)在其研究中也支持了《手册》中提到的全纳教育的基本思想,认为全纳教育具有平等、参与、非歧视、欣赏多样性和分享好的实践经验等关键价值,是一个推进高质量学习的教育学和哲学的途径;通过全纳教育可以促进和容纳所有学生的多样性的学习,使他们能够在普通学校的教室中充分发挥自己的潜能。②

相比西方学术界,我国开展加拿大原住民教育政策的相关研究较晚,主要集中在加拿大多元文化主义教育研究、原住民教育各阶段研究以及原住民教育政策的比较研究等几个方面。

对于多元文化主义的含义,国内学者提出了多种界定。阮西湖、黄长著等均对多元文化主义展开了研究。尽管对多元文化主义的内容有所涉及,但是严格意义上讲,他们对多元文化主义的界定仍然不属于科学定义的范畴。当然,他们对我国开展多元文化主义研究奠定了重要基础。20世纪末,国内学者才逐渐认识到多元文化主义含义的多重性。欧阳康、吴金贵等研究者认为多元文化主义是一种理想、制度以及不断演变的现实③,多元文化主义既是一种政治立场、意识形态,也是一种历史观和教育思想。④ 至此,国内对于多元文化主义的含义有了一个较为明确的界定。与此同时,还有部分研究者对多元文化主义的成因、多元文化主义的影响等领域的问题进行了积极探索,邱芷、高鉴国、朱世达、朱毓朝、王恩铭等诸多学者的研究成果对之后关于多元文化主义政策的相关研究产生了积极影响。

---

① Valk, J. Inclusion and the Nature of the Human: A Canadian Perspective[R]. Berlin: International Congress of Heilpadagogik, 2015:15.

② Carr, J.R. A Conceptual and Legal Framework for Inclusive Education [R].https://inclusiveeducation.ca,2016-05-01.

③ 欧阳康.在多样性中锻造统一性——加拿大多元文化主义访问记[J].社会科学战线,1994(4):111.

④ 王希.多元文化主义的起源、实践与局限性[J].美国研究,2000(2):45-52.

作为我国较早研究多元文化主义的学者之一,朱世达认为对少数族裔文化的保护和尊重是多元文化主义理论的基础。[1] 同一时期,王希也提出,多元文化主义思想的形成受到来自美国以外的政治和哲学思潮的影响。[2] 王恩铭则从哈贝马斯、泰勒等人的思想追溯了多元文化主义理论的形成。[3] 由此可以看出,国内的研究者对多元文化主义成因的复杂性与多样性是持肯定态度的。就加拿大多元文化主义的成因而言,一些研究者在上述观点的基础上进行了进一步的分析。总体来看,国内研究者对加拿大多元文化主义的成因大致可以归纳为以下几点:第一,移民的影响。[4] 随着大量移民而带入的各种文化使得加拿大逐步形成了文化多样的社会现实。第二,少数民族运动的影响。[5] 国内少数民族长期的政治斗争也促使了加拿大多元文化主义的兴起。第三,政府在一些族裔寻求政治独立与维护族群文化的对立中所采取的平衡策略的影响。[6] 英、法两大族裔早期的对立关系使得多元文化主义在政府文化政策调整的同时逐步形成。这些研究者的探索使得我们对加拿大多元文化主义的成因有了一个较为准确的把握,也为其他研究者分析多元文化主义政策提供了借鉴。

一些研究者对多元文化主义政策做了探索。常士訚指出实行多元文化主义政策应满足三个方面的条件:一定的物质基础、一定的公民社会基础、良好的民主法制和政治土壤。[7] 同时,他对多元文化主义具有"超越时空"的价值和普适性的观点提出了反对,认为多元文化主义政策受时空的双重限制,应与本国的国情相符。与常士訚的观点相似,田烨同样认为多元文化主义政

---

[1] 朱世达.当代美国文化与社会[M].北京:中国社会科学出版社,2000:166-170.
[2] 王希.多元文化主义的起源、实践与局限性[J].美国研究,2000(2):61.
[3] 王恩铭.也谈美国多元文化主义[J].国际观察,2005(4):11.
[4] 施兴和.加拿大民族政策的嬗变[J].世界民族,2002(1):47.
[5] 王晨,谷野平.加拿大少数民族在政治斗争中的作用[J].辽宁师范大学学报:社会科学版,2001(2):104.
[6] 高鉴国.加拿大多元文化政策评析[J].世界民族,1999(4):30.
[7] 常士訚. 民族和谐与融合:实现民族团结与政治一体的关键——兼析多元文化主义理论[J]. 天津社会科学,2007(2):69-71.

策并不具备普遍适用的功能,各国国情不同,解决民族问题的方式也不尽相同。加拿大的多元文化主义政策或许无法解决其他国家的民族问题。[①] 与他们不同的是,李晶等人认为多元文化主义政策只不过是西方国家所寻求的业已失败的民族同化政策的替代品,是"为文化适应和同化提供了'精神缓冲剂'",[②]不仅是资本主义社会自我调整的产物,同时也受到整个国际政治格局变化的影响。不过,虽然多元文化主义政策不是解决民族问题的最有效手段,但多元文化主义政策在推动各国以及世界民族发展方面所作出的贡献是毋庸置疑的。[③]蓝仁哲对加拿大多元文化主义政策开展了较为深入的研究。他曾以魁北克为例论述了加拿大多元文化主义政策。[④] 蓝仁哲认为多元文化主义政策在加拿大的实施既是历史选择的结果,也是政府的正确选择。虽然人们对多元文化主义政策实施的效果褒贬不一,但这并不代表我们可以完全否定多元文化主义的历史成就与贡献。特别是随着全球化的推进,单一的文化已无法满足世界的发展,因而促进文化多样性发展成为人类文化良性成长的重要保障。对于文化的多样性发展,蓝仁哲进一步指出,文化的多样性并不代表对文化的割裂,相反,文化的多样性与统一性相辅相成。如果我们因为异质文化导致了文化冲突就极端化、绝对化的采取文化隔绝与文化排斥,那么只会将我们引入狭隘民族主义的危险道路。在对加拿大多元文化主义的研究中,蓝仁哲以中国传统文化中"和而不同"的理念对多元文化主义的价值取向予以了解释,指出加拿大各族裔文化应相融共存,而多元文化政策正是这种共存的重要保证。

总体而言,我国学术界近年来在多元文化主义研究领域展开了积极有效的探索,产生了较为丰富的研究成果,但就研究本身而言也存在一些局限。其一,在多元文化与多元文化主义的

---

① 田烨.加拿大多元文化主义政策与法国多元文化主义政策对比研究[J].广西青年干部学院学报,2014,24(6):76-81.

② 高鉴国.试论美国民族多样性和文化多元主义[J].世界历史,1994(4):10.

③ 李晶.西方多元文化主义政策评析[J].马克思主义与现实,2006(6):151-153.

④ 蓝仁哲.加拿大文化论[M].重庆:重庆出版社,2008:45-79,108-151.

概念、含义方面缺乏较为准确的把握。一些研究者往往在这二者之间画上等号,特别是对二者的联系与区别缺乏深入理解。多元文化与多元文化主义虽有密切的关联,尤其是在思想理念上具有某些一致性,但就二者的内涵、范围和发展等方面而言,它们又具有一定的差异,因而我国多元文化主义领域的研究还需进一步深入。其二,研究范围存在局限。国内研究者对于多元文化主义的研究多集中于加拿大与美国,并想以此代表对其他国家多元文化主义的研究。而事实上,多元文化主义并非只存在于加拿大和美国,澳大利亚、西班牙、德国等移民较多的国家同样面临多元文化问题,因此我们对多元文化主义的研究范围还有待扩大,并不能单一指向某一两个国家。当然,虽然上述问题客观存在,但不可否认的是,我国学术界近年来对多元文化主义已作出了较为科学、系统的研究,也形成了较为丰富的研究成果,为当前研究世界多元文化主义提供了良好的理论借鉴与参考。

作为最早实施多元文化主义政策的国家,加拿大如何既保持民族、文化的多元又实现教育公平成为国内学者研究的焦点。阮西湖教授在《加拿大民族志》中对加拿大三个原住民群体、英法裔以及其他移民群体的语言、经济生活、社会组织以及文化传统等都做了详细的介绍。在论述多元文化主义政策时他强调,多元文化主义是加拿大历史发展的必然选择,是加拿大社会的基础,其内涵包括:为愿意为加拿大社会发展积极作贡献的处于社会劣势地位的民族提供帮助;促进一切文化族群公平全面地参与加拿大社会生活;在加拿大统一的国家认同的基础上,积极推进各文化族群间的沟通和交流;支持移民学习至少一门官方语言,帮助他们更好地融入社会。[1]李桂山和朱柯冰对加拿大多元文化的价值观从独立自主与自立精神、崇尚友好与平等观念、自我表现与个人隐私等十个方面予以了详细分析。在论述加拿大多元文化教育时他们强调指出,教育的内涵之一就是要强调"差异性"的价值和"相互尊重"的必要性,并以差异为核心进而

---

[1] 阮西湖.加拿大民族志[M].北京:民族出版社,2004:244-245.

呈现文化的多样性。① 加拿大多元文化主义教育正是在这样的理念指导下既为各民族提供平等的教育机会又充分尊重他们各自不同的民族文化传统。多元文化主义所蕴含的选择的自由和对差异的包容将加拿大的马赛克文化紧密联系在一起，开阔了各民族的文化视野，促进了沟通交流与和谐共生。多元文化主义教育既是一种教育过程，又是一种解决民族冲突的新观念，更是一场深刻的改革运动。王晁等人将多元文化主义教育类型归纳为三类：一类是少数民族专办的教育。这类教育往往只适用于少数民族聚居的社区，以传承民族的文化传统、抵御同化为目的，以各民族学校的开办和民族传统文化课程的开设为主要特征。第二类教育形式旨在解决具体问题。这类教育以解决不同文化背景的学生在教育和整合过程中遇到的具体问题为目的，例如开设作为第二语言学习的英语课。第三类是跨文化教育。其目的是培养人们在多民族、多文化社会中相互理解和包容的能力。例如在公立学校开设遗产语言课程、在课程设置中增加跨文化理解的内容等。② 多元文化主义教育最终的目标是要与全球教育相结合，用多民族、多国家的观点来认识世界。同时，王晁指出加拿大多元文化主义教育在教材改革、教学方法转变、师资培养等方面仍然任重而道远。尽管加拿大的多元文化主义教育在缓和族裔矛盾、维护国家统一、建立良好的国际关系等方面取得了卓越的成绩，但其实践过程以及未来发展仍然面临巨大的挑战。王俊芳指出，加拿大因为英、法裔文化长期处于主导地位，二元主流文化影响难以消除，多元文化主义教育的实施存在事实上的阻力。同时，文化误解并不是不同族裔间矛盾的主要原因，社会不公的政治和经济原因才是其根源，因而多元文化主义教育在维护国家统一问题上的作用有限。③ 此外，王俊芳还特别提到了加拿大原住民教育仍然面临因历史上长期同化政策影响而造成的原住民自身教育管理能力较低、过分依赖政策资

---

① 李桂山,朱柯冰.加拿大多元文化新视野[M].北京:机械工业出版社,2012:110.
② 王晁,姜芃.加拿大文明[M].福州:福建教育出版社,2008:282-290.
③ 王俊芳.多元文化研究:以加拿大为例[M].北京:中国书籍出版社,2013:148-159.

助等问题。陈晓莹以跨文化的视角,从社会历史基础与发展走向的角度较为详尽地解读了加拿大多元文化主义教育政策和实施路径。加拿大多元文化主义教育的成长蕴含着特定的社会基础和特定的历史演进过程,显露社会与历史交织作用的复杂关系,具有渐变的历史发展特征;加拿大多元文化主义教育通过学校教育和社会教育两种途径,培养兼备现代社会生存与发展能力和"加拿大在先"的冲突选择觉悟的加拿大人。她认为,加拿大多元文化教育是在联邦法律制度保障下的国家意志的体现,是民族与文化多样性社会的国家权力工具;它要求全社会的文化觉醒,跨越"文化自我中心"的"园囿",克服压抑、自卑的文化心理感受,承认不同文化的同等价值与尊严。①

黄志成和柳树森等国内学者对全纳教育也开展了大量的研究。与国外学者的研究一样,国内学者对全纳教育的研究也基本上是从人权的角度出发展开的,总体的思想观点与《全纳教育共享手册》的主张基本一致,都主张以全纳教育来实现实质上的教育平等,消除和减少排斥和障碍,支持建立全纳教育体系。黄志成的研究系统地阐释了全纳教育思想的发展历程、定义与理念、价值取向与原则、全纳教育对普通教育的挑战以及全纳教育的实践指南。黄志成认为全纳教育已超出特殊教育的范畴而进入普通教育领域,"走向全纳"正在成为国际教育发展过程中的一种趋势;推进全纳教育需要对普通教育进行全面改革,教育要着眼于全体学生,积极促进所有学生的参与,反对排斥学生,使所有的学生都能在其团体中感受到自己是其中的一员,从而积极地参与学习和生活。黄志成指出,全纳教育的价值取向要从关注"他们"到关注"我们"、从关注个体到关注群体、从关注知识到关注合作、从关注学校到关注社会。② 柳树森从培育全纳教育师资的目的出发,对全纳教育发展历程、思想理论及全纳教育的管理、评估、支持系统的构建以及教师教育等方面进行了比较

---

① 陈晓莹.融合·发展——加拿大多元文化教育解读[M].北京:民族出版社,2008:25-38.

② 黄志成.全纳教育——关注所有学生的学习与参与[M].上海:上海教育出版社,2004:12-31.

详细的阐释。柳树森的观点和黄志成基本一致,但他的研究更多侧重于普通教育和特殊教育的关系,认为在全纳教育的视野里,每位儿童都是特殊的个体,每位儿童都得要特殊教育,主张特殊教育与普通教育是相辅相成的统一体,特殊教育是完整的基础教育体系的重要组成部分,没有特殊教育的教育是不完善的教育。① 此外,李军胜等人还具体就加拿大全纳教育的相关问题进行了介绍和研究。从总体上看,国内外学者关于全纳教育的观点基本是一致的。

近年来也有不少国内学者对中国少数民族教育政策与加拿大原住民教育政策开展了比较研究。王昺从原住民族传统价值观出发,采用政策阶段分析法,对过去30年加拿大的印第安教育政策和我国的蒙古族教育政策进行了系统比较。虽然中加两国在法律保障、优惠政策、额外财政支持、语言保留等方面有很多相似之处,但在社会环境、政策过程和处理民族教育的基本方法上,还有很多不同点。王昺指出了两国政策制定和落实过程中的作为与不作为情况、政策结果以及特殊做法和措施,提出了中加两国相互学习和借鉴的建设性建议。②南开大学陈·巴特尔和美国夏威夷大学彼得·恩格尔特(Peter Englert)从宏观、微观以及比较的角度,对与我国世居少数民族具有诸多共性的加拿大印第安人的教育自治与语言复兴运动以及两国少数民族高等教育发展模式进行了深入研究。研究介绍了自治领成立前的加拿大印第安人教育、印第安人控制印第安人教育的历史与现状,并从人类学的角度对原住民民族文化进行了反思。他们指出,由于历史背景与社会现实不同,各国发展少数民族及原住民教育的路径也各有特色。相关研究过去侧重于如何促进弱势民族与主流社会的融合,而20世纪中后期以来,随着后现代思潮和后殖民研究的兴起,相关研究逐渐转向构建基于本土文化的

---

① 柳树森.全纳教育导论[M].武汉:华中师范大学出版社,2007:45-61.
② 王昺.民族教育政策比较——以加拿大印第安民族和中国蒙古族为例[J].民族教育研究,2009(6):59-64.

少数民族教育理论体系。① 侯敏在对中加两国的民族教育比较研究后指出,少数民族教育是国家教育中的一个有机组成部分,不能脱离国家主体教育。另一方面,必须认识到,在全球化的浪潮中,我国民族教育应加强与世界的沟通与相互理解,学习国外有益经验,实施崇尚文化多元的少数民族教育。② 黄红霞和王建梁则从主体国家范围和全球范围两个层面对多元文化主义教育的内涵进行了阐释。加拿大多元文化主义教育为解决国内及国际间的民族矛盾与冲突、促进国内及国际间的各民族和谐发展提供了新的视角,成为当今世界各国教育改革的趋势之一。我国少数民族教育也应借鉴其合理因素,在思想上树立多元文化的观念;在具体实施中,应根据少数民族聚居地、多民族杂居地、汉族聚居地的不同特点有针对性、分步骤予以推进。③ 滕志妍和李东材在对加拿大原住民教育政策纵向比较研究时指出,当前加拿大原住民教育政策的焦点及取向已从对原住民教育管理权利的赋予转向发展原住民教育管理能力。加拿大的经验表明,只有积极促进原住民自身能力的构建,才能真正从传承和弘扬原住民文化的立场建立适应和促进原住民族群可持续发展的教育体系。④

在联邦政府、省政府和原住民自治政府的共同参与下实施的原住民教育政策在不同教育阶段呈现各自不同的特点。王晓燕在对加拿大早期教育和保育研究中指出,加拿大早期教育项目和服务以教育公平为宗旨,以实现儿童全面发展为目标,以终身教育为责任,以多元文化教育为基本理念。⑤ 这对我国儿童早期教育,尤其是少数民族儿童早期教育和农村留守儿童早期教

---

① 陈·巴特尔,Englert,P.守望·自觉·比较——少数民族及原住民教育研究[M].北京:中央民族大学出版社,2009:147-221.

② 侯敏.多元文化主义背景下的加拿大少数民族教育研究[D].北京:中央民族大学,2007:47-50.

③ 黄红霞,王建梁.多元文化教育:加拿大的经验及启示[J].民族教育研究,2004(5):81-84.

④ 滕志妍,李东材.从赋权自治到能力建构:加拿大原住民教育政策的新路向[J].外国教育研究,2011(4):37-41.

⑤ 王晓燕.加拿大原住民早期教育和保育研究[D].南京:南京师范大学,2011:22-28.

育有一定启示。王晓燕还提出了在我国少数民族早期教育中开展多元文化教育的构想。

对加拿大而言,原住民教育,尤其是原住民中学后教育具有双重战略意义,即通过实施原住民高等教育达到调节民族矛盾的政治目的以及改善原住民经济生活状况、弥补因人口老龄化导致的劳动力缺口的经济目的。尽管印第安人控制印第安教育政策实施以来原住民教育成就得到较大改善,但其高等教育的发展仍然不尽如人意。李欣在研究加拿大原住民高等教育的困境时指出,原住民在历史上长期受到政治歧视和同化教育政策的影响,寄宿学校教育制度割裂了原住民赖以生存的知识结构和文化传统,对原住民造成了莫大的集体精神创伤,是其教育质量薄弱、整体教育水平低下的历史原因。同时,原住民保留区远离大中城市成为制约其高等教育发展的地理困境,偏远地区的原住民学生去城市上大学必须面对语言、文化和地理的多重障碍。李欣认为,"积极差别性待遇"政策及其实施是加拿大原住民高等教育的出路。① 黄海刚、刘忠文等也从历史、社会文化、人口和经济等因素探究了原住民高等教育和中等教育中存在的问题以及面临的机遇和挑战。

综合国内外学者对加拿大原住民教育政策的相关研究不难看出,加拿大原住民教育政策是国际研究的热点问题,相关研究主要集中在原住民教育政策的背景、原住民教育政策的演变、多元文化主义教育以及少数民族教育政策与原住民教育政策的比较研究等领域。其中,国内学者对加拿大原住民教育政策的研究文献资料较少,且多集中在对加拿大多元文化主义教育的研究;对原住民教育政策的研究相对稀少,还有待进一步深入。特别是以下几个方面的不足仍然比较突出:第一,对加拿大原住民教育政策的系统研究相对较少。第二,对加拿大原住民教育政策文本,尤其是相关的条约、协议等鲜有涉及;对政策文本的认

---

① 李欣.加拿大土著民族的高等教育:政策解读及其战略意义[J].教育与考试,2012(3):73-77.

知和理解还有待深化。第三,对加拿大原住民教育政策的实施缺乏分类归纳与梳理。

四、本书的结构

本书主体分为七个部分,从纵向上描述加拿大原住民教育政策的历史演变过程以及不同时期的经济、政治、文化等影响因素,从横向上归纳、分析政策的理论基础、主要内容以及实施路径,进而探究政策的主要特征以及价值取向,最后提出对我国少数民族教育政策改革的启示。

第一章讨论了当代加拿大原住民教育政策产生及发展的背景。不同历史时期的社会政治、经济和文化等因素共同影响了政策的制定以及变迁。殖民时期,英、法殖民者为了让原住民"基督教化"而实行同化教育;加拿大建国后的相当长时期内仍残留了同化时期对原住民的歧视思想,推行寄宿制教育;随着原住民教育自治呼声的不断高涨,加拿大政府积极应对国内外形势,不断调整并最终全面实施了多元文化主义政策。

第二章讨论了政策的理论基础。当代加拿大原住民教育政策不仅受制于国内外政治、经济状况,更与占社会主导地位的文化思想有着紧密联系。多元文化主义框架下的加拿大原住民教育政策不但尊重和重视原住民文化的价值与作用,而且积极促进原住民提高文化自觉意识和自治能力,增进了原住民文化与主流文化的相互交流和理解。以保障所有人的受教育权利为核心的全纳教育思想在实现教育机会均等、消除教育差异等方面的价值诉求也为当代加拿大原住民教育政策提供了坚实的理论基础。

第三章从政策的内容层面分析并指出,加拿大缔结的相关国际条约和宪法是加拿大原住民教育政策的根本依据,在此指导下联邦的其他法律以及条约、协议中有关原住民教育的内容则构成实施原住民教育计划的具体指南。加拿大宪法制定了多项条款保护原住民受教育以及传承和发展民族文化的权益,是原住民教育政策的重要基石。以宪法为基础,人权法以及多元文化主义法的颁布进一步奠定了原住民教育的多元文化主义框架;原住民聚居地区政府根据地区的实际情况,不断制定、调整并颁布更加具体的原住民教育政策,使之得到更好的落实。

第四章分析了加拿大重点的教育行动计划,展现出加拿大业已建立起从联邦政府到各省/地区政府相关部门再到各类教育政策具体实施机构的较为完善的执行体系,并为原住民教育政策的有效实施提供了重要机构保障。本章就政策的实施过程进行了解读,分析了多元文化主义框架下各项原住民教育计划的具体实施,主要包括幼儿园至12年级教育行动计划、中学后教育行动计划、职业教育计划以及其他保障性计划等。

第五章分析了政策的特征,认为以国家认同为核心的多元文化主义教育是加拿大原住民教育政策最主要的特点。国家认同教育是多元文化主义教育的前提和基础,国家认同构成了多元文化主义教育的实质内核,没有国家认同,就不可能有加拿大的多元文化主义教育和原住民教育自治。同时,平行主义与融合主义的交融以及原住民教育自治权利赋予与能力培养并重也推动了加拿大原住民教育的蓬勃发展。

第六章探讨了政策的价值取向,认为加拿大原住民教育政策主要蕴含了以下四项最主要的价值追求:一是崇尚正义与公平的基本价值取向。具体体现为原住民教育政策是加拿大政府承认隔离、同化政策的历史错误,为改善原住民的社会生活状况、促进原住民社会发展而采取的补偿措施,有利于促进社会公平。二是包容差异。原住民教育政策在承认原住民个人普遍意义之上的公民身份的同时,强调其作为特定文化群体成员的身份,尊重原住民的"非政治认同";同时,对原住民采取特别措施,予以差别对待,注重"差别性待遇"。三是维护多样性。多元文化主义框架下的原住民教育政策致力于恢复和发展原住民语言教育,帮助原住民学习和传承民族文化;保证原住民充分按照自己的意愿实现自我发展,尊重个体价值的多样性。四是寻求可持续发展。加拿大政府积极推行原住民教育政策,对缓解加拿大的族群矛盾、增进国家认同、促进加拿大的社会可持续发展起到了积极作用;同时,把提高原住民教育质量、培养优质的劳动力资源作为促进加拿大经济可持续发展的重要战略,为加拿大经济发展注入了新的活力。

最后一章从比较的视角探讨了当代加拿大原住民教育政策的价值取向与我国少数民族教育政策的契合之处,认为当代加拿大原住民教育政策能够为制定、实施和完善我国少数民族教育政策提供一定的参考和启示:将促进民族发展与国家认同教育相结合;将下放教育管理权与培养民族教育管理能力相结合;发展少数民族职业教育、促进民族教育与经济社会协调发展;发挥少数民族社区、家长、长者的作用,强化民族教育特殊性政策。

五、基本概念的界定

为了行文的方便,现将书中一些基本概念进行界定和说明。

(一) 原住民

国内"原住民"一词主要应用于我国台湾地区,指代当地的土著居民[①]。从字义上理解,"原住民"通常指的是"某一地区在欧洲垦殖者到来之前最先居住在那里的族群"。[②] 在英文中对应的词汇是"aboriginal people"或"indigenous people"。台湾著名学者黄树民认为,"原住民"一词主要是相对于外来殖民者而言的,用以区别原来的世居民族和后来的殖民者,如在中国台湾、加拿大、美国等地区或国家这一词汇较常使用。[③]

自20世纪70年代起,原住民就获得了越来越多的国际承认,但至今并没有一个有关"原住民"的清晰准确的学术定义。国际法并没有规定一个获得认同的定义;在国家层面,原住民群体的成员资格通常也是由国家承认或登记确定。在原住民的界

[①] 原本除部分翻译文本外,大陆地区一般较少使用"原住民"这个说法,而更多使用"土著"一词。实质上,"原住民"和"土著"大体上可以被视作对同一个概念的不同表述。近年来大陆学者使用"原住民"这一表述的频率大幅提升,在相当大的程度上存在与"土著"一词不加区分、相互混用现象。本着尊重文献资料的原则,本书在引用不同文献时,既有使用"原住民"的表述,也有使用"土著"的表述。

[②] Frequently Asked Questions.https://www.aadnc-aandc.gc.ca, 2017-01-21.

[③] 马戎.中国民族关系现状与前景[M].北京:社会科学文献出版社,2014:152.

定上,世界银行 4.20 操作指令①给出了一个功能性的标准,对于理解"原住民"的概念具有重要意义。该指令承认由于原住民群体客观存在的多样性,没有任何一个单一的概念可以涵盖所有的原住民群体,因而它采用了在特定的地理区域范围内不同程度的具备规定的特征的方式来识别原住民。在该指令中,世界银行就原住民的识别给出了 5 个方面的特征作为其判定标准:

(1) 紧密依附于祖先的领地和该地域的自然资源;
(2) 自我认同并且由他人认同为独特文化群体的成员;
(3) 通常具有异于国家通用语言的原住民语言;
(4) 具备传统的社会和政治制度;
(5) 主要从事自给自足的生产活动。

就加拿大而言,官方的文件中并没有对原住民进行学理上的定义,而是直接在 1982 年宪法第 35 条第 2 款予以了明确规定,即加拿大原住民是指加拿大印第安人、因纽特人和梅蒂斯人。

考古学家和地理学家普遍认为,大约 25 000 年前印第安人就从亚洲迁至美洲,在那里繁衍生息。②由于历史的原因,印第安人被分为注册印第安人(Status Indians,有条约地位的印第安人)和非注册印第安人(Non-Status Indians,无条约地位的印第安人)。根据加拿大联邦法律,经"注册"的印第安人,即法律上认同的印第安人,他们因其祖先曾和英国殖民政府签订条约出让土地,政府给予他们诸如保留地、免税、少量福利等作为补偿。目前,约有 60%的印第安人被承认为注册印第安人。其他非注册印第安人则不享有那些特定的权利。③

事实上,"印第安人"(Indian)并不是加拿大原住民的自称,而是哥伦布发现美洲新大陆时对当地人的错误称呼。20 世纪七八十年代,印第安人逐渐开始自称"第一民族"(First Nations),

---

① The World Bank. Implementation of Operational Directive 4.20 on Indigenous Peoples: An Independent Desk Review[R]. http://documents.worldbank.org,2013-01-10.
② 阮西湖.加拿大民族志[M].北京:民族出版社,2004:23-24.
③ 李桂山,朱柯冰.加拿大多元文化新视野[M].北京:机械工业出版社,2012:146-150.

以表达自己是最早居住在现今加拿大境内的民族,为加拿大建国作出过特殊贡献以及具有独特的民族文化。这一称呼后来为加拿大政府和社会所接受,并逐渐取代了原来具有冒犯意义的"Indian"一词。虽然现在加拿大更多使用"First Nations"一词,但"Indian"仍为合法术语,在过去的法律或者条例中仍然沿用。① 本研究力求忠实于文献资料。文献资料中使用"Indian"时译为"印第安人",使用"First Nations"时则译为"第一民族",而在对第一民族(印第安人)、因纽特人、梅蒂斯人做总体描述和分析研究时,使用"原住民"一词。

大约在距今四五千年前,由于后冰川时期气候变暖,因纽特人尾随他们的猎物北迁,穿过白令海峡进入阿拉斯加,后逐渐东移到今天的加拿大北部并定居下来。② 早前印第安人对他们的称呼为"Eskimos"(爱斯基摩人),意思为"吃生肉的人"。③ "Inuit"是他们对自己的称呼,本意为"真正的人"。20世纪80年代,加拿大政府尊重其意愿,正式改称他们为因纽特人。5 000多年以来,因纽特人以其智慧和毅力与恶劣的自然环境作斗争,形成了自己民族独特的传统文化。

梅蒂斯人是指在皮货贸易时期欧洲裔男子与印第安妇女所生育的后代。19世纪,他们大多居住在加拿大西部平原地区,并以"新民族"自居,以表明他们与其母亲血统的印第安民族以及父亲血统的欧洲人后裔都不相同。随着人口的增长和居住地的西迁,梅蒂斯人的聚合最终出现了梅蒂斯文化,进而形成了梅蒂斯民族。加拿大1982年宪法正式承认梅蒂斯人为原住民的一个类别。④

加拿大的三个原住民族群都各有其不同的文化传统,至今

---

① Definition of First Nation. http://dictionary.sensagent.com,2016-11-23.

② Helgason, A. ect. mtDNA Variation in Inuit Populations of Greenland and Canada Mirgration History and Population Structure[J]. American Journal of Physical Anthropology,2006(1):123-134.

③ Cherkasov, A.I. Nunavant: The Canadian Experiment in Territorial Self-Determination for the Inuit [J]. Polar Geography and Geology, 1993(17):64-71.

④ 阮西湖,刘晓丹. 加拿大的土著民族[J].世界民族,2006(1):80.

有 30 多种原住民语言一直被使用。有的原住民语言有共同的来源,因而在几个不同的原住民族群中都能使用。例如大多数梅蒂斯人使用的米奇韦语(Michif),可以追溯到 18 世纪,来源于法语和印第安克里语。

加拿大建国之初,英国殖民政府和印第安人签署条约,将他们的居住地独立出来成为"保留地"。许多印第安人和梅蒂斯人至今仍然居住在保留地,但是近年来离开保留地迁移到加拿大各城市居住的情况也越来越普遍。大多数因纽特人则居住在加拿大最年轻的自治领——努纳武特地区,但是现在南迁到其他省市生活的情况也不少。

本书认为,"原住民"是与"少数民族"既密切相关又不完全相同的两个概念。"原住民"强调了特定的人群对特定地域的土地因历史原因而形成的紧密联系,是该土地最早的居民和主人,对土地拥有最原始的所有权,是与西方殖民活动产生的殖民者及其后裔相对的概念。"少数民族"是从一国人口结构中各民族所占比例多少而提出的概念。从目前全球的情况看,"原住民"由于经历了多年的压迫,其生活空间被挤压,人口在经历了殖民时代的锐减和"新移民"的高速增长之后,基本无一例外可以归入"少数民族"的范畴。但是,并非所有的少数民族都可以划入原住民的行列。就我国而言,各民族在漫长的历史长河中共同构建起了中华民族"多元一体"的格局,并没有出现汉族殖民少数民族的历史,因而不宜采用"原住民"这一概念来代替"少数民族"。但是,由于加拿大"原住民"和国内"少数民族"具有诸多共同点,特别是在教育发展方面面临相似的机遇与挑战,具有开展比较研究的价值。

(二)教育政策

"教育政策"一词最早出现在 1898 年富兰克林的著作《社会发展的逻辑过程:社会学视野的教育政策理论基础》[①]中。作为

[①] 斯图亚特·S.那格尔.政策研究百科全书[M].林明,等,译.北京:科学技术文献出版社,1990:442.

国家政策的重要组成部分,教育政策不仅可以相对于政治政策、经济政策等而独立存在,同时也表现在教育政策总是寓于或渗透在国家其他各类事业发展的政策中。国家的总政策或基本政策有对教育政策的表述,国家各类政策中均程度不同地含有教育政策内容。[1] 从本质上看,教育政策是公共政策的一个重要分支,是为解决教育领域具有公共性的问题而由公共权力机关制定和实施的公共政策。因而,在对教育政策进行界定之前,有必要对"公共政策"的概念进行一个简单的阐述。"公共政策"(policy)源自古希腊语"politeke"一词,本意为"关于城邦的学问",其时已经蕴含了政治管理的意思。随着近代西方政党政治的发展,其语义内涵逐渐丰富,一般用以指称政府或政党组织为某一特定目的所采取的行动。但关于政策的定义至今没有比较统一的表述。《辞海》将"政策"定义为"国家、政党为实现一定历史时期的路线和任务而规定的行动准则"。[2]《简明政治学辞典》对"政策"的解释为:"国家、政党在一定历史时期为实现一定任务而规定的行动依据和准则。"国内外不同的学者,由于研究的视角和侧重点等方面的不同,对政策的定义也不尽相同。

如同公共政策的概念表述各异一样,关于教育政策的概念,学术界目前也未能达成比较统一的意见。但学界普遍认同,由于为国民提供公共教育是所有现代国家必须承担的重要职能和责任,教育早已成为现代国家管理的最为重要的社会公共事务之一,教育政策也因而具有公共政策的属性。一种观点认为,教育政策主要是一种行动准则。它是对该做什么或不该做什么,该怎么做或不该怎么做而立下的规定。基于这种认识,有学者将教育政策定义为:"负有教育法律或行政责任的组织及团体为了实现一定时期的教育目标和任务而规定的行动准则。"[3] 吴志宏等也认为,教育政策是政府在一定时期为实现一定教育目的而制定的关于教育事务的行动准则。所谓教育政策,又可以理

---

[1] 张乐天.教育政策法规的理论与实践[M].上海:华东师范大学出版社,2009:23.
[2] 辞海编辑委员会.辞海[M].上海:上海辞书出版社,1979:3355.
[3] 成有信,等.教育政治学[M].南京:江苏教育出版社,1993:201.

解为,政府有关部门为解决特定教育问题而表明的行动意图或如何行动的计划。①有人更具体地指出教育政策即一组措施和办法的集合。日本学者村田翼夫就认为,"教育政策乃是实现教育目的公共方策之体系"②。不过,比较普遍的意见还是认为,教育政策是一种行动依据和准则。例如,孙绵涛教授认为,"教育政策是一种有目的、有组织的动态发展过程,是政党、政府等政治实体在一定历史时期,为了实现一定的教育目标和任务而协调教育的内外关系所规定的行动依据和准则"③。需要进一步说明的是,作为一种行动依据和准则,教育政策也同时规定着可能有的行动方式和行动的发展方向,包含原则、目标、任务、措施等诸多内容。

综合上述观点,笔者认为:教育政策是具有公权力的政治实体在履行公共教育管理职能的过程中,为了实现一定的教育目标和任务,经由一定的政治程序制定或参与的调整国家与教育之间、社会各领域与教育之间、教育内部各种关系之间的行动方针和行为准则的总称。在解决社会公共教育问题时,教育政策具有导向、调控、协调、制约、管理和分配等作用。

教育政策不仅体现为具有规范性效力的文件,同时也是一种动态的发展过程。在日常生活中,人们通常习惯于从静态的层面上去把握和理解教育政策,认为教育政策即有关教育的各种法律、法规、纲要、规划、意见、条例、指南、规程、细则等文件,而忽略教育政策的动态运行过程。从动态的层面上去认识和理解教育政策可以更真切地把握和理解事物的本质和实际进展。正如美国著名的政策学者安德森(James E. Anderson)所言,"政策是一个有目的的活动过程,而这些活动是由一个或一批行为者为处理某一问题或有关事务而采取的"④。从实质上看,这是

---

① 吴志宏,等.教育政策与教育法规[M].上海:华东师范大学出版社,2003:3,6.
② 筑波大学教育系研究会.现代教育学基础[M].钟启泉,译.上海:上海教育出版社,1986:195.
③ 孙绵涛.教育政策学[M].武汉:武汉工业大学出版社,1997:8.
④ Anderson, J.E. Public Policy—Making (3rd ed.)[M]. Orlando: Holt, Rinehart and Winston, Inc., 1984:3.

政府在教育领域做出的利益分配过程,是一种利益性和强制性、理性和政治性交织的过程,也即"政策的实质就是政府把社会价值或社会利益加以确定和分配的过程,这应该是一个'社会上提出利益分配要求与决策者对社会利益格局进行分析认定的一个互动整合过程'"①。

　　基于对概念外延的不同理解,教育政策又有广义和狭义之分,其主要区别在于是否包含教育法律。狭义的教育政策排除了教育法律,其代指的是教育法律之外的各种有关教育的规范性文件的总和,教育法律和教育政策此时是两个平行的概念。广义的教育政策则在狭义教育政策的基础上拓展了概念的外延,将教育法律也纳入教育政策的范畴之中。学者们在对教育政策进行研究时,通常都是从广义上使用教育政策的概念,不论是我国学者,还是西方学者所写的关于教育政策的著作中,教育政策通常都将教育法律包括在内。实际上,在西方议会制国家中,教育政策绝大多数是以教育法律、法令或法规的形式存在,国家主要是利用教育法律来行使其教育管理的职权。这也正好吻合了公共行政学创始人之一,美国前总统伍德罗·威尔逊关于"公共政策是具有立法权的政治家制定出来的由公共行政人员所执行的法律和法则"②的定义。具体就加拿大而言,教育政策主要表现为各种与教育相关的法律或者具有法律效力的条约和协议,也是从广义上对"教育政策"进行的界定。

---

① 刘星.浅析公共政策中利益与代价的不均衡分布[J].探索,2000:2.
② 伍启元.公共政策[M].香港:商务印书馆,1989:6.

第一章 当代加拿大原住民教育政策产生及发展的背景

一、当代加拿大原住民教育政策的社会背景

(一)原住民人口构成及分布

根据加拿大国家统计局2016年人口普查的统计数据,加拿大原住民人口总数超过160万,占全国总人口的4.9%,由100多个民族构成。其中第一民族(北美印第安人)约97万人,其次为梅蒂斯人,人口总数约58万,人数最少的因纽特人只有近7万人口。[①]

加拿大的原住民曾经自由散居在全国各地,但随着殖民活动的深入,原住民的生活空间不断受到挤压。2016年的统计显示,约80%的原住民居住在安大略省和西部四省(不列颠哥伦比亚省、阿尔伯塔省、曼尼托巴省、萨斯喀彻温省),其中接近38万人生活在安大略省,占原住民人口的23.7%。虽然加拿大原住民主要生活在这5个省份中,但在各省的总人口中所占比重并不大,例如在安大略省中原住民人口占比仅为2.8%,在不列颠

---

① Statistics Canada.The 2016 Census of Population Program. Aboriginal Peoples Highlight Tables, 2016 Census[R]. https://www12.statcan.gc.ca, 2019-04-20.

哥伦比亚省和阿尔伯塔省占比也只有约6%。原住民在曼尼托巴省和萨斯喀彻温省的占比相对较高,也只达到了总人口的16%左右。相反,在努纳武特地区和西北地区,虽然原住民人口总数不大,但占比分别达到了总人口的86%和49%。① 另一方面,加拿大政府1982年根据加拿大宪法的规定承认了现存的原住民保留地。全加范围内原住民保留地的数量共计超过3 100个。②

虽然加拿大原住民的人口总量和占比都不大,但原住民的人口增长率却远高于非原住民人口。加拿大近几次全国居民调查数据显示,2006年、2011年和2016年原住民人口占比分别为3.8%、4.3%和4.9%。2006年至2016年,原住民人口增长率超42.5%,而同期非原住民人口增长率仅为10.4%左右。③ 原住民人口快速增长的原因有两个:一是原住民的生育率要远高于非原住民;二是近年来越来越多的人口登记为原住民。④ 从人口年龄结构看,原住民的平均年龄要小于非原住民。2016年,加拿大原住民的年龄中位数为32岁,远小于非原住民41岁的年龄中位数。原住民族群的不同,其年龄中位数也有差异。因纽特人年龄中位数为27岁,是原住民中最年轻的群体,第一民族为30岁,梅蒂斯为34岁。⑤

(二)原住民社会现状

尽管随着20世纪六七十年代多元文化主义的勃兴,加拿大原住民的政治、经济地位得到较大改善,但相比非原住民的生活

---

① Statistics Canada. The 2016 Census of Population Program. Aboriginal Peoples Highlight Tables, 2016 Census[R]. https://www12.statcan.gc.ca, 2019-04-20.

② Statistics Canada. Aboriginal Peoples Reference Guide, Census of Population, 2016[R]. https://www12.statcan.gc.ca, 2017-06-07.

③ Statistics Canada. National Household Survey: Aboriginal Peoples[R]. https://www12.statcan.gc.ca, 2019-04-20.

④ 加拿大人口统计中对原住民身份的识别采用申报制,即统计对象自行就是否属于原住民进行报告。

⑤ Statistics Canada. National Household Survey: Aboriginal Peoples[R]. https://www12.statcan.gc.ca, 2019-04-20.

水平却存在较大差异,主要表现在以下几个方面。

(1)原住民语言的使用情况不容乐观。语言通常被视为文化的核心,使用祖先语言的能力是保障传统知识代代相传的重要途径。语言不仅是交流的工具,更是将人们同他们民族的历史及社会、情感和精神的生命力联系起来的纽带。据 2016 年加拿大全国居民调查数据显示,228 765 人在社区或家庭环境中使用原住民语言交流,明显少于 2011 年的统计数据 240 815 人。[①] 而其中将原住民语言作为母语的人数少于能够使用原住民语言交流的人数,这表明许多原住民是将原住民语言作为第二语言习得的。近几次加拿大人口普查统计数据均显示随着人口年龄的下降,掌握原住民语言的人口数量也在随之下降,揭示出原住民语言正在呈现退化的趋势。

(2)原住民儿童家庭生活状况不佳。2016 年的统计对 0~4 岁的儿童进行了调查,数据显示原住民儿童在全加 0~4 岁儿童中的占比仅为 7.7%,但在该年龄段所有寄养儿童中所占比例却高达 51.2%;有超过 34% 的原住民儿童生活在单亲家庭;约 1.8% 的原住民儿童生活在隔代抚养家庭,而非原住民儿童这一数据仅为 0.3%。[②]

(3)原住民的就业率仍低于非原住民。2016 年,原住民主要劳动年龄人口(25~54 岁)的就业率为 64.8%,而同时期非原住民主要劳动年龄人口的就业率达到 81.2%,远高于原住民的就业率。具体而言,25~54 岁的人口中,第一民族的就业率为 58.8%,因纽特人的就业率为 58.2%;梅蒂斯人的就业率最高,达到 74.6%。尽管原住民的就业率相较非原住民而言仍有较大差距,但是拥有中学后教育资格证书或文凭的原住民和非原住民的就业率差距明显缩小,分别为 77.3% 和 85.2%。[③] 这也从一个

[①] Statistics Canada. National Household Survey:Aboriginal Peoples[R]. https://www12.statcan.gc.ca, 2019-04-20.

[②] Statistics Canada. Census Program. Census in Brief:Diverse Family Characteristics of Aboriginal Children aged 0 to 4[R]. https://www12.statcan.gc.ca, 2019-04-20.

[③] Statistics Canada. Census Program.Data Tables, 2016 Census.Labour Force Status(8)[R]. https://www12.statcan.gc.ca, 2019-04-21.

方面说明原住民的教育水平是影响其就业状况的重要因素。原住民的就业行业多为公共管理、建筑业、林业、渔业、采矿业、石油天然气开采、卫生保健等,而非原住民则更多从事科技服务、金融、商贸、房地产与租赁等行业。

(4)原住民的收入水平远低于非原住民。2016年统计数据显示,25~54岁的原住民税后平均为36 398美元,远远低于同年龄组非原住民45 001美元水平。其中,梅蒂斯人的收入中位数为41 546美元,因纽特人38 337美元,第一民族收入最低,仅为32 756美元。① 统计数据还显示,拥有中学后学历的原住民和非原住民的收入差距相对较小。由此可知,教育水平也是影响原住民收入水平的重要因素。

(5)原住民心理健康状况不容乐观。原住民人口调查显示,2015年居住在保留区外的15岁及以上的原住民中,仅有60%的第一民族、64%的梅蒂斯人和53%的因纽特人认为自己心理健康状况良好或非常好,而非原住民这一数据为72%。②

(6)接受羁押和社区矫正的原住民成年人人数超出正常比例。统计数据显示,在2011—2012年,被处以还押候审(等待审判期间的羁押)的成年人中28%为原住民;在接受社区矫正方面,原住民青少年也占到了39%的比例。而"过多代表"③在原住民女性中尤为突出。原住民女性接受矫正的比例高达49%,原住民男性为36%。但另一方面,原住民也更易成为暴力犯罪的受害者。2015年更新的综合社会调查(GSS)数据显示,对每1 000名原住民实施的暴力犯罪有198起,而对每1 000名非原住民实施的暴力犯罪仅94起,二者之间存在明显的差异。④

(7)原住民居住条件不佳,这一情况尤其在保留区更为严

---

① Statistics Canada. Census Program.Date Tables, 2016 Census, Aboriginal Identity(9)[R]. https://www12.statcan.gc.ca, 2019-04-21.

②④ Statistics Canada. The 2012 Aboriginal Peoples Survey[R].https://www12.statcan.gc.ca, 2017-01-12.

③ 当一个族裔在一个公共机构所占比例明显高于其在总人口中的比例时,这一现象就被称为"过多代表"。

重。2016年统计数据显示,约18.3%的原住民居住在拥挤的家庭,而非原住民仅有8.5%的人口居住条件拥挤;原住民的住房约19.4%需要大修,非原住民房屋需要大修的仅为6%。①

二、当代加拿大原住民教育政策的教育背景

从第一批欧洲人进入加拿大开始,加拿大原住民和非原住民的关系发展历经500余年,大致可以划分为相互分离、接触与合作、替代与同化以及协商与重构四个历史阶段。在不同的时期,原住民教育受该阶段政治、经济和社会环境的影响,也呈现不同的面貌和特点,相应地,大致可以划分为传统原住民教育、同化教育以及多元文化主义教育。

(一)传统原住民教育

相互分离时期是指欧洲殖民者进入北美大陆以前的漫长历史阶段。在这一时期,加拿大原住民虽然没有建立起现代意义的教育,但传统的教育活动一直存在,加拿大原住民文化中并不缺乏珍视教育的成分。加拿大的每一种原住民语言中都有表示"学习"的词汇,例如克里语中的"Kikinohamâw"一词即具有被教导、学习和上学的多层含义。② 尽管没有书面记载,考古资料显示这一时期的原住民儿童教育通常采取非正式的形式,教育内容也大多与日常的劳动生活相关。这种由长辈向晚辈的"传递"式教育不仅传授了原住民特殊的生活技能与生存常识,而且也在无形中传递了原住民乐观、坚韧的人生态度。原住民传统的教育形式与他们的生存方式息息相关,通过共同狩猎、捕鱼和耕种,原住民年轻一代在教育和生活中接受生存技能的训练,从中领悟本民族的生存法则和人生哲理。在欧洲人抵达北美之前的

---

① Statistics Canada. Census in Brief: The Housing Conditions of Aboriginal People in Canada[R].https://www12.statcan.gc.ca, 2019-04-20.

② White, J.P. & Beavon, D. Aboriginal Education: Current Crisis, Future Alternatives [A]//White, J.P., Peters, J., Beavon, D. & Spence, N.(Eds.) Aboriginal Education: Current Crisis and Future Alternatives[C]. Toronto, Ontario: Thompson Education Publishing, INC,2009: 3.

漫长岁月里,印第安人已经发展起了自己的教育方式。在这种传统教育方式里,整个社区都是"教室",社区成员是"教师",每一个社区、家庭及成年人都承担着教育年轻一代的任务。一般说来,传统的教育形式包括口授历史、举行传统仪式、教授狩猎技术等。孩子们通过学习,有能力认识和解决自然界和社会所潜伏的各种困难与危险,同时学会尊重他人、团结协作,了解本民族的文化历史。[①] 传统的因纽特人文化中的知识传播是通过分享经验的方式来进行的,长者和父母向年轻的因纽特人们展示其必须掌握的生活技能。教授的方法主要是演示和实践活动。同时,因纽特青少年也会学习因纽特传统文化和价值观等内容。因纽特传统教育具有两个突出的特点:一是终身学习,学习的过程贯穿了个体从儿童直到老年的所有人生阶段;二是全面学习,学习的内容涵盖了传统文化、土地和环境等各方面的内容。

(二)同化教育

随着欧洲殖民者的抵达,北美大陆的原住民社会尤其是其传统教育受到了剧烈的冲击。

1.同化教育的开端

1620年,法国改革派教士在魁北克附近建立了最早的原住民青年教育机构。受改革派教士关于原住民只有在成为法国人之后才可能成为基督徒这一基本认识的影响,法国当局这一时期的原住民教育政策的落脚点在于要实现原住民的"法兰西"化,[②]并由此提出了开展完全法式教育的要求。为此,改革派教士挑选原住民男孩进行学校教育,甚至将其送往法国学习,以便使其能够完全沉浸在法国文化和语言氛围之中。根据改革派教士的设想,这些儿童将来将回到各自的社区,并成为社区的精

[①] Claes, R. & Clifton, D. Needs and Expections for Redress of Victims of Abuse at Native Residential School[R]. Ottawa: The Law Commission of Canada, 1998:20.

[②] Jaenen, C.J. Education for Francization: The Case of New France in the Seventeenth Century[A]//J. Barman, Y. Hebert and D. McCaskill (Eds.), Indian Education in Canada. Volume 1: The Legacy[C]. Vancouver: University of British Columbia Press, 1986:45-63.

英,帮助社区的其余原住民实现"基督教化"。① 但是,由于未能吸收到足够的学生,绝大部分此类尝试均以失败告终。随着1629年英国占领了魁北克地区,改革派教士遭到驱逐,改革派教士主导的教育尝试因此终结。1632年,法国重新夺回了魁北克的控制权,耶稣会教士取代改革派教士掌控了垄断该地区的传教活动的权利,②并随之采取迥异于改革派教士的原住民教育方式。耶稣会教士主导的原住民教育立足于在原住民村落中用原住民语言开展教育活动,基督教信条取代法语和法国风俗习惯成为教授的主要内容。直至17世纪30年代中期,传教士们开始意识到阻碍原住民"基督教化"的最重要因素是其传统的游牧生活方式。因此,他们提出让印第安人定居是促使其"基督教化"的重要环节的观点并随即制定了建立印第安人定居点的计划。印第安人定居点选址大多在法国人定居点的附近,以便传教士们能够和印第安部落及其成员保持经常性的接触,并同时促使印第安人习惯法国人的语言和生活方式。1637年,法国人在魁北克附近建立了第一个印第安人定居点——锡耶里定居点。③ 但在这些早期的"保留地"并没有设置正式的学校,传教士们只能利用定居点周边的各种场地来进行"授课"。除了传播基督教教义,教育的主要内容还包括实用的自然知识,重点是农业实用知识,以达到使印第安人定居以实行同化教育的目的。

虽然定居点的设立在客观上一定程度促使了印第安人的基督教化,但并没能彻底改变印第安人的生活方式。由于当时大多数保留地因遭受传染疾病、经济问题和社会问题的困扰而人口锐减并逐渐消失,④耶稣会传教士逐渐转变其关注的重心。而

---

① Jaenen, C.J. Education for Francization: The Case of New France in the Seventeenth Century[A]//J. Barman, Y. Hebert and D. McCaskill (Eds.), Indian Education in Canada. Volume 1: The Legacy[C]. Vancouver: University of British Columbia Press, 1986:45-63.

② Magnuson, R. Education in New France [M]. Montreal: McGill-Queen's University Press, 1992:17.

③ Magnuson, R. Education in New France [M]. Montreal: McGill-Queen's University Press, 1992:16-43.

④ Magnuson, R. Education in New France [M]. Montreal: McGill-Queen's University Press,1992:45-46.

在法国人聚居的城镇中建立寄宿学校开始成为他们对原住民实施同化教育的首选方式。①

寄宿学校被法国人视作同化原住民青年的一种最具吸引力的选择。因为通过寄宿学校，可以将原住民儿童从其父母的影响中脱离出来，并将其完全同化到法式生活中。然而，事实证明，吸引和保持原住民儿童进入寄宿学校就读是一件十分困难的事情。原住民儿童家长常常为允许孩子在法国人中生活感到担忧，而在寄宿学校就读的儿童也常常会从学校中逃跑。此外，由于需要给予原住民社区和儿童家长持续的物质援助以鼓励为学生提供住宿和饮食等，学校的运行费用高昂。②由于上述原因，走读学校也在运行，且走读学校学生数量始终都要高于寄宿学校的学生数量。由于在教育的过程中将学生视作成年人，采用严格的纪律约束，注重竞争，强调背诵和考试的作用，法式教育的模式迥异于传统的原住民教育。因此，原住民学生在教育过程中拒绝配合，法国人发现那些已经被基督教化的原住民并不能在其人民中发挥有效的传播作用。③

1668年左右，在新法兰西升格为皇家殖民地之后，法国政府对利用寄宿学校教育印第安青年并实现最终同化的目的提出了新的迫切要求。在法国当局看来，将原住民转化为法国人是在不减少法国本土人口的情况下巩固殖民地和人口增殖的方式，而耶稣会教士团因未能有效地将法国的语言和风俗习惯教授给印第安人而受到法国政府的斥责。然而，法国当局没有意识到的是，耶稣会教士团已经尝试过对印第安人进行法国式的转变，但是这种方式是无效的。和耶稣会教士团一样，在新法兰西开展原住民女子教育的乌尔苏拉修女会认为，正是"原住民文化的

---

①② Jaenen, C.J. Education for Francization: The Case of New France in the Seventeenth Century[A]//J. Barman, Y. Hebert and D. McCaskill (Eds.), Indian Education in Canada. Volume 1: The Legacy[C]. Vancouver: University of British Columbia Press, 1986:45-63.

③ Miller, J.R. Shingwauk's Vision: A History of Native Residential Schools [M]. Toronto: University of Toronto Press, 1996:39-60.

顽固性"导致了未能实现对原住民的有效同化。① 除了原住民"法兰西化"的困难,皮毛贸易商和军方都发现同化与否对于皮毛贸易和军事行动而言并没有太大的分别。印第安人对于皮毛贸易和军事联盟来说一直是不可或缺的。因此,新法兰西总督在1685年宣称法兰西化的政策没有达到应有的效果,并呼吁法国政府改变对原住民的教育政策。到了17世纪末,为同化而为印第安青年开设的寄宿学校被大规模关闭,在法国人学校就读的原住民儿童也很少。②

2.为融入而进行的同化教育

在1812年战争之前,由于印第安人的知识和技能对军事联盟和皮毛贸易的重要作用,英国人并不热衷对原住民的同化教育。维持与原住民的伙伴关系是英国人的最大关切。但是,随着战争的结束和皮毛贸易的衰退,原住民开始逐渐被视为欧洲人殖民的阻碍。正是从这个时候开始,关注的焦点开始从军事联盟转换为对原住民进行教化,去除其"野蛮"状态,在原住民中建立起"勤劳的、和平的文明生活习惯"③。19世纪30年代初,原住民事务管理权从军队被正式移交给了民事部门。民事部门随即推出了旨在通过教育教化原住民的新的印第安教育政策。作为教化原住民的新政策的一部分,为印第安人建立保留地的努力被率先付诸实施。其目的与法国人此前的尝试如出一辙,都是试图促使原住民放弃其原有的游牧生活,转变为定居的农民并接受欧洲的生活方式。为此,进行基本教育和传播基督教义的学校开始在保留地上被建立起来。虽然这一时期学校的运行仍然主要是由教会组织负责,但是修建和运行学校的费用则

---

① Magnuson, R. Education in New France [M]. Montreal: McGill-Queen's University Press, 1992:75-79.

② Miller, J.R. Shingwauk's Vision: A History of Native Residential Schools [M]. Toronto: University of Toronto Press,1996:57-60.

③ Wilson, D. J. No Blanket to be Worn in School: The Education of Indians in Nineteenth Century Ontario [A]//J. Barman, Y. Hebert and D. McCaskill (Eds.), Indian Education in Canada. Volume 1: The Legacy[C]. Vancouver: University of British Columbia Press, 1986:64-87.

由殖民政府、教士团和印第安人分担。① 由于早期的大量保留地难以维持足够的原住民人口的生产生活，保留地被证明是一个失败。

到了 19 世纪 40 年代中期，殖民政府开始认识到英国定居点的急剧扩张已经严重破坏了原住民的传统生计。政府再一次调整了对原住民的教育政策，着手建立手工劳动学校。除了传播基督教，此类学校主要的教学目标是在促进同化的同时传授给原住民能帮助其在"白人世界"中生存的实用技能。正如原住民事务主管安德森所言："通过手工劳动学校的教育，原住民儿童可以忘记他们的印第安习惯，并被灌输文明生活必需的各种技能，并成为他们'白人同胞'中的一员。"② 由于此类学校都建立在城市中心，远离原住民社区，也在客观上起到了让原住民儿童摆脱其家庭及社区影响的作用。

1846 年，殖民政府会晤了奥里利亚和安大略的各原住民首领，游说其接受政府提出的建立手工劳动学校教育原住民儿童及促进原住民更大规模地在学校周围地区永久性定居的计划。为此，各原住民村落社③需要将其从政府得到的年度资助拨款的 1/4 用于扶持教育机构。④ 尽管存在部分反对集中定居和教育机构浓厚的基督教色彩的声音，首领大会还是对政府的该项计划给予了支持。当然，大多数的支持者希望这些学校最终可以交由原住民自行管理和运行。尽管在接下来的数十年里开设了

---

① Nock, D. A. A Victorian Missionary and Canadian Indian Policy: Cultural Synthesis vs Cultural Replacement [M]. Waterloo: Wilfred Laurier University Press, 1988:67-71.

② Wilson, Donald J. No Blanket to be Worn in School: The Education of Indians in Nineteenth Century Ontario [A]//J. Barman, Y. Hebert and D. McCaskill (Eds.), Indian Education in Canada. Volume 1: The Legacy [C]. Vancouver: University of British Columbia Press, 1986:64-87.

③ 《印第安法》对村落社进行了如下定义:村落社是指满足下述三个条件的印第安人群体，即(a)在 1951 年 9 月 4 日之前或之后，加拿大政府(名义上为女王，下同)名下的土地划分出来由该群体共同使用,(b)由加拿大政府拨付资金用于该群体的共同利益,(c)并由枢密院总督为本法之目的宣布为"村落社"。

④ Miller, J.R. Shingwauk's Vision: A History of Native Residential Schools [M]. Toronto: University of Toronto Press,1996:61-83.

大量的手工劳动学校,但很快就失去了原住民的支持。1856年的一个印第安事务专门委员会的报告显示,很难说服原住民家长送子女入学,一些地方学龄人口入学率不足1/2。该报告认为政府的计划实际上在很大程度上已经失败,政府的重心开始转移到日间学校。①

3.寄宿制教育

根据1867年英属北美法,所有的印第安事务均交由加拿大联邦政府管辖,这其中也包括了原来规定在为了促使印第安人割让土地而签订的各种协定中的教育事项。虽然,相关协定从总体上载明了在保留区设立日间学校的规定,但由于吸收学生入读以及促进同化无效等方面的问题催生了寻求替代方案的尝试。② 在1876年《印第安法》颁布后,国会议员尼古拉斯·弗拉德·戴维(Nicholas Flood Davin)被授命调研美国利用寄宿制学校实施印第安人教育的情况,并研判是否可以将该模式移植到加拿大原住民教育中。在其1879年的报告中③,戴维建议在西部设立类似美国寄宿制学校的教育机构。④ 尽管按规定联邦政府才是实施印第安教育的责任主体,但是学校的实际管理权被授予给了那些已经在开展印第安教育的教会团体。因此,不同于当时的省属学校,为原住民设立的学校实际上是由教会控制的,教会学校被最大限度地用于原住民孩子的教育。戴维还提出了招募和教育梅蒂斯人的建议,因为在其眼中,梅蒂斯人是政府和印第安人之间的天然纽带,但是这一建议没有得到采纳,政府坚持仅为注册印第安人提供教育资金。⑤

---

① Miller, J.R. Shingwauk's Vision: A History of Native Residential Schools [M]. Toronto: University of Toronto Press, 1996:85.

② Miller, J.R. Shingwauk's Vision: A History of Native Residential Schools [M]. Toronto: University of Toronto Press, 1996:82-88.

③ 原名《对寄宿制学校的印第安人和混血儿的报告》,后人称为"戴维报告",并被普遍认为其导致了加拿大寄宿学校体制的建立。

④ Haig-Brown, C. Resistance and Renewal: Surviving the India Residential School [M]. Vancouver: Arsenal Pulp Press, 1988:30.

⑤ Miller, J.R. Shingwauk's Vision: A History of Native Residential Schools [M]. Toronto: University of Toronto Press, 1996:101.

和先前新法兰西的手工劳动学校和寄宿学校的经历类似，如何招募原住民儿童并留住他们在学校中就读是寄宿制学校面临的一个关键问题。1893年，政府为削减开支引入了人头教育经费资助系统。该系统将学校教育的财政负担更多转嫁到了教会组织和学生的身上。维持最大的学生注册规模成为教会团体的首要关切。与此同时，由于经费不足，寄宿制学校的条件恶化，对原住民家庭的吸引力进一步减弱。为了应对注册率的下滑，获得更加稳定的政府资助，教会团体向政府施压，谋求将入学就读规定为强制性义务。为回应教会团体的关切，《印第安法》在1894年进行了修订，规定所有6岁以上的原住民儿童每年必须在日间学校、住宿学校、工业学校中就读10个月。①

19世纪和20世纪之交，关于原住民学生健康和安全的问题引起了人们的极大关注。肺结核等疾病肆虐，死亡率居高不下。印第安事务部副总监邓肯·坎贝尔·斯科特（Duncan Campbell Scott）承认，约一半的入读住宿学校的原住民儿童没有能够活到能够从其接受的教育中获益的时候。② 对于那些有幸存活下来的学生来说，他们所受的教育也极为糟糕。学校教育过多关注宗教教育和手工训练，忽视学术知识的传授。当这些学生离开学校后，他们既不具备在"白人世界"竞争就业的能力，又与其自己的社区生活格格不入。

1910年，为了扭转教育支出高涨却不能实现将原住民学生转变为主流社会成员的局面，政府再度调整了教育政策。政府放弃了先前试图通过教育使原住民学生学会在白人社会生活的教育目的，将教育的目的调整为通过教育使学生学会在保留地上生活，这也意味着政府的教育政策从促进融合转变为种族隔离。③

---

① White, J.P. & Peters, J.A Short History of Aboriginal Education in Canada[A]//White, J. P., Peters, J., Beavon, D. & Spence, N. (Eds.) Aboriginal Education: Current Crisis and Future Alternatives[C]. Toronto, Ontario: Thompson Education Publishing, INC., 2009:17.

② Miller, J.R. Shingwauk's Vision: A History of Native Residential Schools [M]. Toronto: University of Toronto Press, 1996:133.

③ Miller, J.R. Shingwauk's Vision: A History of Native Residential Schools [M]. Toronto: University of Toronto Press, 1996:140.

原本已经远低于省属学校的课程设置被进一步简化。新建的教育机构均为基本的日间学校,以远低于政府规定的经费为原住民青年提供教育。20世纪20年代,工业学校的模式被彻底摒弃,原有的工业学校和住宿学校全部转化成了寄宿制学校。①

无论是寄宿制学校还是日间学校,其在20世纪中早期都仅实施一些最基本的教育。学校的老师通常都不具备教师资格,校长也常常是由一些在制订教学计划方面具备少许经验的教士担任。尤其是对寄宿制学校而言,由于采用的是半日制学校体制,学生们只有半天的课堂学习,其余的时间则是学习实用技能,主要是农业技术。原住民中小学生只能获得非常基础的学术教育。同时,这一体制还允许校方从学生的"实践劳动"中获取收益以实现财务上的自给自足。② 在这样一种教育体制下,为什么不管原住民学生在学校中花费了多长时间也只有极少数能够完成小学低年级学习的问题就不难理解了。1930年,只有3%的学生完成了小学6年级的学习,多达3/4的学生只能在1—3年级就读。相较而言,同一时期省属学校的学生中约有1/3进入6年级以上学习。③

由于对寄宿制学校教育的效果感到极度失望,原住民领袖和原住民团体以及一些个人纷纷向政府表达了他们的忧虑和关切。他们向印第安事务部提出了减少农业劳作、强化课堂教育、教师应该具备适当的资质以及在保留地设立本地区的日间学校等请求。④但是这些请求并未获得足够的回应。

寄宿制学校的弊端不仅是学生学习成就低下的问题。入读寄宿制学校的儿童常常是被从其家庭中强掳到学校的,他们被

---

① Miller, J.R. Shingwauk's Vision: A History of Native Residential Schools[M]. Toronto: University of Toronto Press, 1996:141-148.

② Miller, J.R. Shingwauk's Vision: A History of Native Residential Schools [M]. Toronto: University of Toronto Press, 1996:157.

③④ Barman, J., Y. Hebert and D. McCaskill. The Legacy of the Past: An Overview [A]//J. Barman, Y. Hebert and D. McCaskill (Eds.), Indian Education in Canada. Volume 1: The Legacy[C]. Vancouver: University of British Columbia Press, 1986:1-22.

强迫剪去头发,穿着欧式服装,在卫生条件非常糟糕的条件中生活。学生们受到的是以本民族文化为耻,并将自己和同胞视为劣等人的不道德的教导,还会因为使用本民族语言而遭受惩罚。① 对于许多印第安学生来说,寄宿制学校里充斥着情感上和身体上的虐待。截至 1999 年,因发生在寄宿制学校中的虐待行为而提起的诉讼案件共计 2 500 起。② 而关于究竟有多少学生遭受过性侵害却没有准确的数据记载。一项相关研究估计,某第一民族社区的寄宿制学校有 48%～70% 的学生遭受过性侵害。③

同化教育向多元文化主义教育过渡的重要标志是寄宿制学校走向没落。由于受到在两次世界大战和其间的大萧条时期实行的财政削减的影响,联邦学校资金极度匮乏。与此同时,战争的创伤让人们对制度化的种族歧视和人权问题有了更加深刻的认识,并开始关注原住民的境遇。另一股推动变革的重要力量来自从战场上归来的原住民士兵。在为国家浴血奋战之后,他们不再愿意接受下等歧视待遇。④ 20 世纪四五十年代,加拿大政府开始再次反思其原住民教育政策。

参众两院在 1946 年组成了一个特别联合委员会来对完善《印第安法》的各种建议进行甄选。在教育制度方面,该委员会注意到,寄宿制学校在教育和同化原住民儿童方面均属失败,应当予以废除,并建议在条件允许的地方,原住民学生应当被整合到省属学校之中。根据这些建议,1951 年修正的《印第安法》载入了关于联邦政府与省级政府就原住民学生入读省属学校签署学费协议的规定。到 1960 年,约有 1/4 的原住民学生在省属教

---

① Miller, J.R. Shingwauk's Vision: A History of Native Residential Schools [M]. Toronto: University of Toronto Press, 1996:151-182.

② Miller, J. R. Skyscrapers Hide the Heavens: A History of Indian-White Relations in Canada. 3rd Edition [M]. Toronto: University of Toronto Press, 2000:389.

③ Chrisjohn, R. and C. Belleau. Faith Misplaced: Lasting Effects of Abuse in a First Nations Community [J]. Canadian Journal of Native Education, 1991:18(2), 161-197.

④ Miller, J. R. Skyscrapers Hide the Heavens: A History of Indian-White Relations in Canada. 3rd Edition [M]. Toronto: University of Toronto Press, 2000:324-326.

育机构就读。① 但是,第一代就读公立学校的原住民学生的辍学率高得惊人,约94%的原住民学生在毕业(12年级)之前就已辍学,而非原住民学生的这一比例只有12%。②

尽管特别联合委员会在1946年就明确提出废除寄宿制学校的建议,但来自教会的强力抵制,在某些时候甚至是原住民社区自己的抵制,拉长了寄宿制学校体制没落的进程。直到1960年,全加拿大仍有超过60所寄宿制学校在运行。③ 但是,在接下来的十年里,在许多因素的共同作用下,情况发生了快速变化。其中一个重要因素是政府在1969年正式与教会解除了伙伴关系,在实现原住民教育的世俗化的同时消除了一个妨碍教育改革的关键阻力。④ 在公众态度方面,美国的民权运动和亚非风起云涌的反殖民斗争激起了人们对少数群体平等权利的关注,并使得改善原住民的福利待遇在道德上成为必须解决的问题。此外,政府在这一时期完成了大量关于原住民需求的调查报告,其中有两个报告对寄宿制教育体制给予了深刻的批判。两个报告均发布于1967年,分别是《印第安寄宿制学校》和《当代加拿大印第安人调查》。后一报告通常被称为豪森报告。⑤ 报告强烈抨击了寄宿制教育体制,支持政府实施将原住民学生整合到省属学校的政策。两个报告均建议政府停止寄宿制学校的运行。豪森报告还建议政府将原来的寄宿制学校改建为可以为学生就读常规学校提供食宿的宿舍。政府采纳了上述两个报告的观点和

---

① Barman, J., Y. Hebert and D. McCaskill. The Legacy of the Past: An Overview [A]//J. Barman, Y. Hebert and D. McCaskill (Eds.). Indian Education in Canada. Volume 1: The Legacy [C]. Vancouver: University of British Columbia Press, 1986:1-22.

② Hawthorn, H.B. (Ed.). A Survey of the Contemporary Indians of Canada: A Report on Economic, Political and Educational Needs and Policies. Volume II [R]. Ottawa: Indian Affairs Branch, 1967:89. https://www.aadnc-aandc.gc.ca, 2016-03-11.

③ Aboriginal Healing Foundation. Directory of Residential Schools in Canada[R]. Ottawa: Aboriginal Healing Foundation, 2007:4-34.

④ Royal Commission on Aboriginal Peoples. Report of the Royal Commission on Aboriginal Peoples[R]. Ottawa: Canada Communication Group Publishing, 1996.

⑤ Hawthorn, H.B. (Ed.). A Survey of the Contemporary Indians of Canada: A Report on Economic, Political and Educational Needs and Policies. Volume II [R]. Ottawa: Indian Affairs Branch, 1967:61-94. https://www.aadnc-aandc.gc.ca, 2016-03-11.

建议,积极支持将原住民学生整合进入省属学校。① 豪森报告这一具有里程碑意义的报告也标志着加拿大原住民同化教育政策的失败。

(三)多元文化主义教育

全国性的原住民教育发展的真正转折发生在1969年,以《白皮书》的发布和原住民随后的回应为标志。1969年,特鲁多政府作为对豪森报告的回应,发布了《加拿大政府关于印第安人政策的声明》,即1969年《白皮书》。《白皮书》指出,要改善原住民的生存条件,就必须使其成为完全的、平等的加拿大公民。为了实现"完全的平等",《印第安法》被予以废止,印第安事务部被撤销,所有有关印第安人的法律身份的规定均被废除。据此,原住民更多只是加拿大多元文化社会的一个元素。

第一民族迅速对《白皮书》的政策进行了回应,谴责《白皮书》是政府意欲逃避其对第一民族的责任和推行文化灭绝的企图。随后,各原住民组织纷纷通过意见书表达了他们对《白皮书》政策的强烈抗议,有关原住民教育政策的问题成了其中最关键的部分。最具影响的意见书当属全国印第安人兄弟会于1972年提出的《印第安人管理印第安教育》。② 此时,由于原住民对《白皮书》普遍而强烈的抗议,政府已经放弃了《白皮书》并承诺将同第一民族协商制定新的政策。全国印第安人兄弟会的意见书全面地阐述了地方管理印第安教育的诉求。由于已经在着手逐步淘汰失败且运行费用昂贵的寄宿制学校,并且认为融合在理论和实践方面也均不成功,联邦政府先是默许继而原则上接受了印第安人兄弟会的意见书。③ 1969年《白皮书》中的政策因

---

① Milloy, J.S. A National Crime: The Canadian Government and the Residential School System, 1879-1986[M]. Winnipeg: The University of Manitoba Press, 1999:216-238.

② Agbo, S.A. Decentralization of First Nation Education in Canada: Perspective of Ideals and Realities of Indian Control of Indian Education [J]. Interchange, 2002(3):281-302.

③ Longboat, D. First Nations Control of Education: The Path to Our Survival as Nations [A]//J. Barman, Y. Hebert and D. McCaskill (Eds.). Indian Education in Canada. Volume 2: The Challenge[C]. Vancouver: University of British Columbia Press, 1986:22-42.

此被束之高阁。

　　在接受"印第安人管理印第安教育"成为原住民教育的国家政策方向之后，政府开始将学校的部分管理权移交给了第一民族社区。但在绝大多数情况下，有关教育内容和教育提供方式方面的实际控制权却很少移交。由于签署了《詹姆斯湾和北魁北克协议》及其附件《东魁北克协议》，①在北魁北克地区发生了更为深刻的变化。协议载入了关于教育的详细规定，包括分别设立由克里族和因纽特人组成的教育董事会，并被授权开发和提供与本民族文化相适应的课程，并可以采用克里语和因纽特语进行教学。

　　但是从总体上看，在印第安人管理印第安教育的意义和实施方面充满了各种误解和斗争。由于对变革的进程和方向感到失望，第一民族大会（原全国印第安人兄弟会）在1988年发布了《传统与教育：面向未来的愿景》（以下简称《传统与教育》）报告，重申了印第安人管理印第安教育的思想。但是，不局限于更新和修正原有的政策表述，《传统与教育》还清晰地反映了第一民族首领们就"印第安人管理"的内涵在思想上发生的转变。《印第安人管理印第安教育》所主张的管理重在将教育的职责转移到印第安村落社，以使其拥有类似于省属学校教育董事会的教育权力，而《传统与教育》注重的是原住民基于自治权而对教育管理所拥有的固有权利；②同时，《传统与教育》还主张修改宪法以承认和肯定这一固有权利，或者至少联邦法律应保障未来第一民族和联邦政府之间的事务应当在一种政府与政府之间的

---

　　①　1975年印第安及北方事务部与加拿大政府签署的关于原住民赔偿的协议。按照协议规定，克里族和因纽特人转让出100万平方公里的土地，作为赔偿，他们取得了其社区周围地区13 700平方公里的单独控制权及在151 600平方公里内进行排他性狩猎、捕鱼的权利等。

　　②　Abele, F., C. Dittubrner and K. A. Graham. Towards a Shared Understanding in the Policy Discussion about Aboriginal Education [A]//M. B. Castellano, L. Davis and L. Lahache (Eds). Aboriginal Education: Fulfilling the Promise[C]. Vancouver: UBC Press, 2000:3-24.

基础上进行处理。①

　　为了促进转变的进程,《传统与教育》要求政府为建立新的管理框架、设立全国和地方的教育机构、制订长期的教育计划、研究第一民族的学习风格和开发新的课程提供必要的资金。财政问题是该报告的核心,因为该报告认为资金匮乏是第一民族行使教育管辖权最关键的障碍。第一民族要真正掌控自己的教育,不仅需要持续充足的资金,而且需要完整地控制资源的分配和管理。作为对《传统与教育》的回应,政府授权詹姆斯·麦弗逊对报告进行评估。1991 年《麦弗逊关于〈传统与教育:面向未来的愿景〉的报告》发布。麦弗逊在其报告中指出,联邦政府的原住民教育政策过于基本且不清晰并建议对宪法进行修订,以便为第一民族管理教育奠定坚实的基础。此外,麦弗逊还进一步建议政府实施全国印第安人教育法,明确第一民族在发展教育政策方面的角色,确认他们的管辖权和控制权。该法还应包括建立全国性的咨询委员会和全国性的印第安教育研究机构的规定,用以为教育向印第安人管理的过渡提供帮助,促进全国性教育政策的完善。尽管麦弗逊的报告总体上支持第一民族大会的提议,但是两份报告对"自治"的理解存在差异。② 为了使联邦政府和公众确信"自治"并非一个"令人惊骇"的概念,麦弗逊在其报告中表明"自治"不应被理解为"自决":

　　　　我们不应基于对魁北克地区土地的先占或因植根于联邦制中的政治和法律思想而产生一种轻率且错误的结论,以为自治即意味着独立或者自决。③

　　与之相反,第一民族大会在其《传统与教育》报告中坚称,

---

　　① White,J.P. & Peters, J. A Short History of Aboriginal Education in Canada [A]//in White,J.P.& Peters,J., Beavon, D. & Spence, N. (Eds.) Aboriginal Education:Current Crisis and Future Alternatives[C].Toronto,Ontario:Thompson Education Publishing,INC,2009:24.

　　② Abele, F., Dittubrner, C. & Graham, K.A. Towards a Shared Understanding in the Policy Discussion about Aboriginal Education [A]//M. B. Castellano, L. Davis and L. Lahache (Eds), Aboriginal Education: Fulfilling the Promise[C]. Vancouver: UBC Press, 2000:3-24.

　　③ MacPherson, J. MacPherson Report on Tradition and Education: Towards a Vision of Our Future[R]. Ottawa: Department of India Affairs and Northern Development, 1991:42.

"自决"是其对教育进行管辖的核心：

> 承认和反映保持第一民族独特性以及通过自治行使关于地方教育计划的自决权是《第一民族教育管辖宣言》的核心。①

更大的差异还体现在麦弗逊在其报告中通篇都没有提到"固有权利"一词。尽管如此,《传统与教育》及其后的麦弗逊报告还是将第一民族教育重新带回人们关注的焦点之中。

联邦政府试图采取措施来回应麦弗逊和第一民族大会的建议,于 1995 年引入一项新的原住民自治政策,官方承认了在 1982 年宪法第 35 条框架下原住民自治是其享有的固有权利,并表达了联邦政府参与第一民族自治谈判的意愿。同时,协议并不试图为原住民自治制定统一的标准,而是计划在涉及原住民管辖可以适用于其社区内部事务、与其独特性密不可分及可使其像政府一样运行等核心问题的一系列宽泛的方针的指引下,通过协商为每一个原住民社区量身定制自治协议。教育被明确地规定在开展协商的范围之内。② 尽管在此之前已经签订了一些包含教育条款的自治协议,该项政策仍然因为建立了联邦政府对自治协议中规定的原住民权利进行宪法保护的新意愿而具有十分重要的意义。列入协议之中受到宪法保护的权利被视为条约权利,从理论上讲,此类权利较之先前协议中规定的权利更不容易受到侵害、限制或撤销。

到 20 世纪 90 年代中后期,原住民教育自治在经历了早期的尝试之后得到蓬勃发展。自 1995 年起,加拿大政府和原住民签署了大量明确载有教育管辖权的自治协议和原则性协议。这些协议基本都规定了原住民享有对其学前教育、基础教育、中等教育的管辖权以及制定与教育相关的法律的权力。但是,这些

---

① AFN. Tradition and Education: Towards a Vision of Our Future, A Declaration of First Nations Jurisdiction Over Education[R]. Ottawa: Assembly of First Nations, 1988:38.

② DIAND. The Government of Canada's Approach to the Implement of the Inherent Right and the Negotiation of Aboriginal Self-Government [R]. https://www.rcaanc-cirnac.gc.ca, 2016-11-15.

协议也无一例外地设置了原住民提供的教育必须与省属学校体系提供的教育相兼容的规定,实际上限制了原住民真正管辖和控制教育的权利。

与此同时,大量的报告和政策声明反复呼吁全面承认并促进关于第一民族教育管辖权是原住民自治的关键要素的认识。其中,皇家原住民委员会报告建议联邦、省和地区政府承认教育是自治的核心内容,并更加注重过渡进程中的能力拓展。第一民族管辖教育理当包括原住民自行制定教育政策和法律及对教育的各个方面进行监管的内容。随即,联邦政府出台《积聚力量:加拿大原住民行动计划》报告,承认在原住民能力建设方面存在欠缺,并承诺将把能力建设作为重点。但是,该报告很少涉及有关教育的问题,只是笼统地强调联邦政府应当与第一民族共同努力推进教育改革、促进第一民族学生的教育质量和提升教育的文化关联性、提高教师课堂教学的效率、增加社区和家长对学校教育的参与度、通过为第一民族学校提供更好的信息技术以促进学习。尽管皇家原住民委员会报告和《传统与教育》都明确要求联邦政府承认教育是原住民自治的核心内容,但联邦在《积聚力量:加拿大原住民行动计划》中仍没有对自治与第一民族的教育管辖权之间的关系做任何阐述。[1]

加拿大联邦总审计长 2000 年发布了一份关于原住民教育状况的报告,强调必须采取更多的措施来缩小原住民学生和其他非原住民学生间的教育差距的结论。[2] 报告特别指出,联邦政府在第一民族教育中的角色和负有的职责上存在很大程度的模糊不清,缺少有关实际教育支出、适当的绩效评价指标和教育资助状况方面的信息。在总审计长报告发布两年后,加拿大印第安及北方事务部部长组建了部长国家教育工作小组来制定提升第一民族教育质量和第一民族学生教育成就的对策并提出了一

---

[1] White, J.P. & Peters, J. A Short History of Aboriginal Education in Canada [A]// White, J.P., Peters, J., Beavon, D. & Spence, N.(Eds.) Aboriginal Education: Current Crisis and Future Alternatives[C]. Toronto, Ontario: Thompson Education Publishing, INC,2009:27.

[2] Auditor General of Canada. Indian and Northern Affairs Canada—Education and Secondary Education[R]. Ottawa: Office of the Auditor General of Canada, 2000:30.

系列的建议,包括联邦政府应就能力建设措施、执行策略及联邦与第一民族共同设定印第安及北方事务部在第一民族教育中的角色等问题与第一民族进行协商。

尽管上述两个报告都提出了强有力的建议,总审计长2004年发表的后续调查结果表明,联邦政府只处理了相关内容中的很少一部分问题。出于回应,印第安及北方事务部2005年发布了一个教育行动计划,对总审计长提出的每一个问题进行了概述。行动计划主要围绕五个关键领域展开,即对策和行动计划、角色和职责、资金、评价、监督和报告。计划的核心组成部分是与第一民族共同构建第一民族教育政策框架和管理框架,澄清各利益相关方的角色和职责、建立新的资助模式、制定绩效评价指标以及问责措施。近年来,加拿大政府也一直致力于弥补过去的错误。2006年5月,有关各方正式批准了《印第安寄宿制学校和解协议》。对原就读寄宿制学校的学生进行了经济上的补偿。该协议还创设了一个针对那些提起性侵害和身体虐待诉讼的原寄宿制学校学生的独立评审程序,为原住民康复基金提供了1.25亿美元的资金用于支持他们的康复计划,为各种全国性和地方性的纪念项目提供额外的资金支持,规定了设立真相与和解委员会等方面内容。[①] 2008年,联邦政府终于就其在寄宿制学校的设立和运行中的错误进行了正式道歉。[②] 对原住民而言,他们希望真相与和解委员会能够使教育重新成为关注的焦点,承诺改进所有第一民族受教育者的教育状况,继续采取积极有效的措施推进第一民族实现对教育的自我管理。

(四)原住民教育现状

历经数百年的发展,特别是在第二次世界大战以后,随着多

[①] White, J.P. & Peters, J. A Short History of Aboriginal Education in Canada [A]// White, J.P., Peters, J., Beavon, D. & Spence, N.(Eds.) Aboriginal Education: Current Crisis and Future Alternatives[C]. Toronto, Ontario: Thompson Education Publishing, INC,2009:28.

[②] 2008年6月12日,时任加拿大总理哈珀在加拿大议会发表讲话,承认同化政策和原印第安人寄宿学校制度对原住民文化、传统和语言造成了严重伤害,并代表加拿大政府向原印第安寄宿学校的学生及其亲属正式表示道歉。

元文化主义和全纳教育思想的日渐兴盛,加拿大原住民教育发展迅速,取得了巨大的进步。但同时,原住民与非原住民的教育成就仍然存在较大差距。

2016年加拿大全国人口普查数据显示,在25至64岁的原住民中,43.6%具有中学后学历,2.6%具有大学毕业证或结业证(但没有取得学士学位),10.9%具有学士或以上学位。相比之下,年龄在25至64岁的非原住民中,63.4%具有中学后学历,3.0%具有大学毕业证或结业证(但没有取得学士学位),29.3%具有学士或以上学位。在"没有证书、文凭或学位"方面,原住民和非原住民的比例也有差异。在25至64岁的原住民中,有31.2%"没有证书、文凭或学位",而同年龄组的非原住民这一数据仅为12.9%。① 那些完成了高中学业的原住民学生更倾向于继续完成他们的中学后教育。但由于居住地缺少必要的教育资源,许多原住民学生为了完成中学后教育不得不通过搬迁以获得更好的教育。而那些获得了学士学位的学生更是如此。

原住民各族群之间教育水平也存在差异。2016年加拿大人口普查数据显示,64.0%的第一民族、45.4%的因纽特人和77.3%的梅蒂斯人具有高中文凭或同等学力,他们被认为是高中学业完成者;39.6%的第一民族、27.0%的因纽特人和50.9%的梅蒂斯人具有中学后学历,即拥有高中以上水平的结业证、毕业证或学位证。② 这些数据均与2012年加拿大原住民调查③报告的数据类似。总体而言,梅蒂斯人受教育程度略高于第一民族,因纽特人教育水平相对落后。

---

①② Statistics Canada. Aboriginal Population Profile, 2016 Census[R]. https://www12.statcan.gc.ca, 2019-04-21.

③ 原住民调查 Aboriginal Peoples Survey (APS)是一个针对年龄在6岁及以上,居住在保留区外的第一民族、梅蒂斯人和因纽特人的全国性调查。2012年APS重点关注了18~44岁原住民的教育、就业和健康状况,同时还收集了有关语言、收入、住房和流动性等信息。

第二章　当代加拿大原住民教育政策的理论基础

从法国传教士在加拿大建立原住民教育机构、实施原住民教育至今的三百多年里,加拿大的原住民教育经历了多个历史时期。不同时期的原住民政策直接决定和塑造了同时期的原住民教育政策。从最初的隔离同化教育到当今的多元文化主义教育,加拿大原住民教育政策发生了巨大调整。在这些调整的背后,是加拿大原住民政策理论基础的深刻变化。20世纪六七十年代以来,多元文化主义和全纳教育的思想对加拿大原住民教育政策产生了全面而深刻的影响。由于这两种思潮在追求的核心目标和价值上具有一致性,它们很自然地融合贯通在一起,共同构成了当代加拿大多元文化主义框架下原住民教育政策的思想基础。

一、多元文化主义

(一) 多元文化主义的理论先导

多元文化主义的思想根源最早可以追溯到18世纪初法国人类学学者对用欧洲白人文化的标准去评价北美印第安人文化的批判和反思。但是在其后相当漫长的一个时期内,在人类文化学领域占主流地位的理论是文化进化论和文化传播论,早期的多元文化主义思想萌芽并没有得到生根和壮大。直到 20 世纪初,美国历史学派创始人弗朗兹·博厄斯(Franz Boas)在对加拿大原住民进行长期的人类学研究的过程中发现了文化进化论和文化传播论的理论缺陷与道德瑕疵,在对古典进化论进行批判和修正文化传播论的基础上提出了以历史特殊和文化独立为核心内涵的文化相对论观点,并由此确立了多元文化主义的理论先导。博厄斯长期以加拿大原住民为研究对象,加之其对原住民的同情和对西方中心论的摒弃,其理论比较客观真实地反映了加拿大原住民的状况和诉求,对其后加拿大多元文化主义的产生和发展以及相关政策的制定实施都产生了较大的影响。博厄斯的研究认为,只有通过对特定文化发展的独特历史进行重建,即拟构该文化历史的办法,才能对该文化做出最好的解释。基于历史特殊和文化独立的思想认识,博厄斯不认为存在一种世界各国的一般历史和全球性的统一的文化,因而他所要拟构的是各民族的具体历史和独特文化。通过拟构特定文化历史的研究,博厄斯认为文化传播论并不能用来成功地解释在世界不同地域出现的文化相似的现象,古典进化论所持的文化具有历史进化的统一性的观点也站不住脚,每一种文化的形成都会受到其所处环境中特定的生物、地理和经济等方面因素的影响,因此每一种文化都是其所处环境的独特产物。这些具有相似性的文化现象之间实际上是相互独立的,各自都有着自己独立的历史发展脉络。所以,将多样性的世界文化纳入单一的进化模式是错误的。博厄斯通过文化相对论对欧洲中心主义、古典进化论和白人优越论进行了批判与抨击,反对以西方文化为标准去评价其他文化,并将其他文化统统置于欧洲文化之下的低级阶段的做法。在博厄斯的眼中,不同的文化之间并不存在高低等级、文明野蛮的区分,各民族文化的价值是平等的,其差别只是价值和功能的不同。因而,用西方的观点和价值体系去衡量和评价其他民族的文化不仅不能寻找到对该民族及其文化的正确理解,而且必将导致西方人自我膨胀情绪的加剧。因此,评价一种文化的价值,不能以自己的文化为标准,而只能从该文化的内部去研究、去理解。①

第二次世界大战之后,蓬勃发展的亚非拉民族解放运动给欧洲中心论和白人优越论造成了沉重的打击,并激发了国际社会对各民族文化重新进行评价的现实需要和研究热潮。正是在这样一种历史背景下,文化相对论迅速发展成为文化人类学的一个重要的思想流派。文化相对论的发展和传播从理论上解构了欧洲中心论和白人优越论,引发了对以西方文化标准去评价其他文化的做法的广泛质疑和批评,种族主义和与之相关的同化政策受到激烈抨击。由此,文化相对论为多元文化主义的产生和发展提供了理论先导和舆论氛围,创造了多元文化主义思潮在全球范围内的快速传播的条件。1971年,加拿大政府在全球第一个推出了多元文化政策,宣告多元文化主义正式成为官方政策的指导思想。但是,由于加拿大当时的多元文化主义政策目的只是调和加拿大国内英裔和法裔两大民族的关系,仅适用于英法两个族裔构成的主流社会的框架内,仍未能彻底打破欧洲中心和白人优越的思想藩篱。1988年《多元文化主义法》的颁布,确立了加拿大处理包括原住民在内的各族群关系的基本理论思想,也标志着多元文化主义政策由此开始更加广泛而深入地渗透到加拿大经济社会生活之中。在此之后,加拿大政府开始对原住民在之前漫长的历史中所遭受的歧视和不公正待遇进行反省和纠正。随着多元文化主义日渐深入人心,加拿大政府和主流社会也清醒地意识到,原住民文化既不是低等文化,也不是野蛮文化,相反,原住民文化是有着其独特的功能和价值的文化,是加拿大多元文化的珍贵遗产,对于加拿大经济社会的发展具有特殊且不可替代的作用,必须给予原住民及其文化足够的尊重和保护。

(二)加拿大多元文化主义产生的社会历史根源

加拿大多元文化主义的产生有着其自身独特的社会历史根源,是为了解决因其国内特殊的族群结构而产生的社会矛盾的

---

① 马广海.文化人类学[M].济南:山东大学出版社,2003:37-38.

现实需要。随着同化政策的失败，加拿大国内少数族裔力量迅速崛起，对英裔主流文化所带来的剧烈冲击加剧了英裔主流社会对其文化和社会统治地位的忧虑。出于维护其自身文化和社会统治地位的需要，以英裔为主的加拿大政府步美国的后尘，提出了加拿大版的民族"熔炉"政策，也就是所谓的"加拿大化"运动。加拿大的民族"熔炉"政策与从文化相对论角度出发理解的民族"熔炉"政策存在明显的差异。按照文化相对论的观点，实施"民族"熔炉政策的前提是首先要承认国内存在民族多元的现实，并在此基础上倡导和促进各民族的相互交流和容纳，在各民族文化相互交流、补充和融合的过程中构建一个文化同质性和社会凝聚力不断提升的多民族社会。而加拿大"加拿大化"运动所要实现的目标则是要通过"熔炉"实现对国内不同族裔进行生物性整合，并将加拿大国内不同族裔的文化混合生成"加拿大化"的文化。相较于同化政策对非主流族裔文化的剥夺，"加拿大化"运动对非主流族裔的文化给予了适度的尊重，具有一定的进步意义。但是，加拿大的民族"熔炉"政策一出台就遭到了法裔社会的强烈抵制。由于工业化和城市化浪潮的冲击，以法裔为主体的魁北克省的经济和社会结构发生了巨大改变，并使法裔的传统价值观和文化遭受了极大的削弱。"熔炉"政策的出台，进一步加剧了法裔对自身文化的地位甚至是文化本身能否存续的担忧。魁北克法裔对修改联邦宪法，给予魁北克特殊权力地位，促进新法兰西文化复兴与发展，摆脱英裔加拿大人的统治的要求迅速高涨。在处理魁北克问题的过程中，加拿大联邦政府一直试图通过给予魁北克法裔高度自治权和输送经济利益的方式来维持和改善法裔与英裔之间、魁北克省与联邦政府之间的关系。但是，联邦政府处理与魁北克法裔关系问题的政策明显存在顾此失彼之虞，既没能解决魁北克省问题，又反而引发了原住民和其他族裔的怨愤。他们认为，加拿大不仅是英、法裔两个民族的国家，原住民和其他少数族裔遭受文化剥夺和文化传统丧失的状况远比法裔严重，但联邦却赋予法裔高出其他族裔的特殊地位和利益的做法是对其他族裔的一种严重的不公和歧视，并要求政府对他们的文化给予足够的重视和平等的保护。

由于"加拿大化"运动并未从根本上彻底摒弃同化思想,其实质仍然是排除其他文化对英裔文化的威胁和渗透,促使其他族裔放弃自己独特的族群认同意识和族群文化,转而融入由英法主流社会主导的意识和文化,加拿大少数族裔对"熔炉"政策普遍持反对和抵触情绪。20世纪60年代末,魁北克问题已经发展成为可能从根本上动摇加拿大国家政治稳定的重大社会问题,包括原住民在内的众多少数族群也对政府明确提出了保护本民族文化的强烈要求,在各族群的反对和各种复杂的民族矛盾相互纠缠的社会现实之下,加拿大联邦政府不得不放弃已经失去社会基础的"熔炉"政策,"加拿大化"运动以失败告终。

为了维护国家和社会稳定,"加拿大化"运动失败后的加拿大政府亟须寻找一种新的思想理论来指导其解决国内日渐高涨的族群矛盾的政治实践,加拿大理论界也对加拿大国内的民族关系与民族政策进行了深刻反思和积极探索。一方面,为了解决魁北克问题,加拿大联邦政府需要利用多元文化主义调和英法两大族群的矛盾,维护国家的统一。而发生在魁北克的"平静革命"和"十月危机"则直接催生了加拿大的多元文化主义政策。1960年,魁北克省总理让·勒萨热在魁北克开始推行"平静革命",对魁北克的政治、经济、科技和文化等方面进行改革。"平静革命"在推进魁北克政治和经济现代化的同时,也对魁北克民族主义的迅猛发展起到推波助澜的作用,在"平静革命"的"做自己的主人"的主旨的引导下,魁北克的民族主义快速嬗变为魁北克民族分离主义,并从中孕育出了加拿大国内的极端恐怖主义。20世纪60年代末"平静革命"的结束并没能终结魁北克民族分离主义的发展势头,反而活动日渐活跃。其中的一些极端民族主义势力以维护民族利益为由不断实施暴力恐怖活动,对加拿大的国家统一、社会稳定以及当地民众都造成了极大的威胁。1970年10月,加拿大极端民族主义组织——魁北克解放阵线——终于制造了加拿大史上最大的一次恐怖主义事件——"十月危机"。"十月危机"发生后,时任加拿大总理皮埃尔·特鲁多采用雷霆手段对极端组织的暴力恐怖活动进行了镇压。作为坚定的联邦主义者和来自魁北克的法裔政治家,特鲁多对化解魁北克问题的重要性与紧迫性有着十分深刻的认识。他坚决反对盲目且非理性的民族主义,认为其有悖于民主的理念;坚决抵制魁北克的极端民族分离主义,抨击狭隘的民族分离主义是加拿大历史的倒退。特鲁多在其《联邦主义与法裔加拿大人》一书中,从经济、社会和文化的角度对民族分离主义进行剖析和批判,强调魁北克只有在联邦的框架内才能拥有足够的空间和自由来实现生存和发展,因为"魁北克分离出联邦将丧失来自联邦的资金、技术、管理等支持,将会付出惨痛的代价,人民将遭受苦难"[①]。"十月危机"虽然通过政府的坚决打击而解决,但危机的根源并未得到根本消除,为了彻底解决这一有关加拿大统一和民族团结的重大问题,特鲁多政府举起了多元文化主义的大旗。

另一方面,第二次世界大战后非英法裔移民的大量涌入给加拿大的民族结构带来重大变化,少数族群日益强烈的权利意识和诉求促使加拿大政府产生了利用多元文化主义政策实施社会整合的需要。到1971年人口统计的时候,加拿大人口中英裔、法裔和其他少数民族大概各占1/3。少数民族的文化素质、民主意识和权利意识都有了很大的提升。一些少数民族代表人物开始在加拿大政治舞台上崭露头角,代表少数族裔发出自己的声音。少数族裔汇集起来的实力迫使加拿大政府必须认真地考虑他们在政治权利和文化权利等各方面的合理诉求。正如前文在分析"熔炉"政策时所提到的那样,他们要求加拿大政府将给予法裔加拿大人的权利和对其文化的保护平等地推广使用到少数族裔群体。面对少数族裔不断高涨的权利要求,加拿大政府意识到,要维护加拿大的统一和稳定,促进加拿大经济社会的繁荣和发展,不可能只依靠安抚魁北克法裔来实现,必须从加拿大是一个由多族裔共同构成的国家的实际出发,保护少数族裔文化生存和发展的权利。为了制定新的民族政策,加拿大政府组建了专门调查委员会,对加拿大国内的民族构成和民族现状

---

① 边宏宇.国土安全与邪恶力量——从"十月危机"看加拿大特鲁多政府对本土恐怖主义的对策[J].领导科学论坛,2015(4):32-33.

进行全面调查。该委员会提交给加拿大政府的调查报告反映了加拿大国内在民族构成和民族文化上的"多元"性和发展趋势，并对民族政策由"统一"转向"多元"的必然性和必要性给予了肯定。调查报告的观点与特鲁多联邦政府的民族政策理念产生了高度共鸣，为加拿大政府制定和实施多元文化主义政策铺平了道路。1971年，在特鲁多的领导下，加拿大政府正式实施了多元文化主义政策。

随着多元文化主义政策实行和政策效果的逐步显现，多元文化主义的思想理念深深地扎根在了绝大多数加拿大人的心底。1988年，加拿大顺利通过了世界上第一部《多元文化主义法》，正式以法律的形式确立包括原住民在内的少数族裔文化在加拿大的平等地位和受保护的权利，推进消除民族偏见和民族歧视，保障其享有平等参与加拿大政治、经济、社会、文化生活的权利与自由，反映出加拿大社会对多元文化主义的广泛赞同与支持。

(三) 多元文化主义的基本内涵

对于多元文化主义的内涵，不同的国家、不同的学者有着不同理解和解释。加拿大学者C·坎贝尔（C. Campel）把多元文化主义视作一种意识形态，这种意识形态承认加拿大是由众多的种族和少数民族团体组成的社会客观现实，并承认，作为团体的这些种族或少数民族在介入财富和富裕上都是平等的。查尔斯·泰勒（Charles Taylor）则对多元文化主义给出了"承认的政治"这样一个简洁而具有实用主义色彩的解释。而在吉托·博拉菲的眼中，多元文化主义是关于具有不同文化经历的社会群体共存的思想理念。尽管学者们对多元文化主义的内涵的理解和解释不一，但仍然存在一种基本的共识，即多元文化主义是在自由主义框架下，以寻求族群平等与共存为目标、以承认族群权利为核心的一种政治思潮与政策。[1] 具体就加拿大的多元文化主义而言，加拿大多元文化主义学者也把多元文化主义视作现代自

---

[1] 常士訚. 超越多元文化主义——对加拿大多元文化主义政治思想的反思[J]. 世界民族, 2008(4):1-8.

由主义框架体系之下的一种以国家承认和维护族群权利为核心的政治理论。在他们看来,现代自由主义以强调个人权利优先为要旨,并以个体存在的人为终极的道德主题。由此观点出发,自由主义演绎出了每个人都具有平等的地位,反对种族主义,反对歧视和不公平的待遇等主张,并由此在文化相对论之外给予多元文化主义政策理论上的支撑。

但是,加拿大学者对加拿大多元文化主义的理解和政府的政策实践并没有囿于自由主义的框架之内,而是进一步拓展了多元文化主义的内涵,从追求保护个人权利转化为追求保护个人权利与保护集体权利的平衡。威尔·金里卡的观点比较充分地代表了加拿大学者和政府的多元文化主义思想,他认为,多元文化主义不应忽视少数民族和族群文化差异与集体权利的认识,否则将造成"最大的不正义"。为此,必须对自由主义进行改良,在国家宪政框架内加大对少数民族和族群权利保护的力度。在此基础上,金里卡提出了具体实施路径的设想,即国家针对不同的少数民族和族群文化采取特别的措施,赋予少数民族和族群"特殊地位"和自身可以行使的群体权利,通过"不同的公民权来保护文化共同体免受不必要的解体"。

从金里卡对多元文化主义的论述中可以看出,加拿大多元文化主义的一个重要的观点就是在承认和保护自由主义所主张的个人权利的同时,赋予少数民族和族群以一定的群体权利,并以此协调和平衡自由主义的个人权利与多元文化主义的集体权利之间的关系[1]。但要具体落实加拿大多元文化主义的这些观点和主张,因而有必要对政治体系进行变革,使其既保护和承认少数民族和族群的群体权利,又使这些群体中的个体成员可以作为公民而强化对加拿大国家的认同。基于上述认识,金里卡等加拿大学者主张在政治体制中引入"群体代表制"和"多民族联邦制",即在民主制度的安排上通过保障少数民族和族群的群体代表席位等方式,赋予少数民族和族群在事关其自身利益的问题上进行

---

[1] 威尔·金利卡.多元文化的公民身份——一种自由主义的少数群体权利理论[M].马莉,张昌耀,译.北京:中央民族大学出版社,2009:178-187.

讨论、协商和投票表决的权利,以保障少数民族和族群的利益诉求能够得到合理而充分地表达;在国家体制上,通过授予少数民族集中居住的地方以广泛的自治权,实现少数民族的自治,在原有的联邦体制的基础上构建一种所谓的"多民族联邦制"①。

除了学者,加拿大政治家也对多元文化主义有着自己的理解和解释。特鲁多曾发表过一个郑重声明,对多元文化主义的内涵给出了在加拿大政治家中具有代表性的阐述,与学者们的观点相互呼应。他认为,加拿大只有官方语言,但没有官方文化,加拿大所有的民族和公民没有优劣之分,均应得到平等的对待。任何加拿大人都应当接受民族的差别,摒弃民族歧视、文化歧视和思想歧视。每一个族裔群体都有保留和发展自己的文化、选择自己的生活方式的权利。各种文化应该平等共存,不存在一种文化居于统治或主导地位的情况。加拿大联邦政府的任务是正确引导和完善处理各族裔群体与主流社会之间的关系,增强各民族保持本民族独特文化的信心,同时使之对整个国家和社会产生共同的责任感和归属感。可以说,在实施多元文化主义政策多年之后,加拿大《多元文化主义法》的颁行就是以这样一部法律对特鲁多政府的多元文化主义思想做出了一个最好的诠释。

基于对多元文化主义的上述认识,加拿大确定了其多元文化主义政策的基本内涵,即禁止任何人以种族、民族或民族文化起源、肤色、宗教和其他因素为由的歧视;保证所有加拿大人在社会、经济、文化和政治上的平等;保护和提高加拿大多元文化传统,保护和促进原住民等少数族裔的文化发展;赋予原住民族群集体权利,实施原住民自治,平衡集体权利和个体权利;提升全体公民对加拿大国家的认同感和归属感。

二、全纳教育思想

(一)全纳教育的思想源流——保障人权与全民教育

全纳教育思想是20世纪90年代肇兴的一股对当今世界具

---

① 威尔·金里卡.少数的权利——民族主义、多元文化主义和公民[M].邓红风,译.上海:上海世纪出版集团,2005:89-119.

有广泛影响的国际教育思潮。当今主流的全纳教育思想早已不局限于残疾人教育甚或特殊需求教育这些狭窄的领域,而是涉及整个普通教育,其核心就是所有人都有受教育的权利,普通教育不应该排斥任何人,而应该接纳所有学生,满足所有学生的不同需求。

全纳教育兴起和发展与第二次世界大战后国际社会争取民主平等、维护人权尊严等社会运动有着深刻联系,其思想意识根源和原动力可以追溯到第二次世界大战后世界人权运动所带来的人权理念的勃兴。全纳教育思想根本的出发点即在于保障人权,以人权的视角和方法来看待和分析教育问题。所谓人权,简单地说就是"人因其为人而应享有的权利"。或者说,人权是"人"按其本质应该享有的基本权利和自由。[1] 人权是保障人的平等、尊严和不受歧视而应当享有且不容侵犯的基本权利和自由。随着世界人权运动的发展,联合国于 1948 年发表了《世界人权宣言》,明确提出了保障所有人平等享有"人权"的主张和要求,教育作为一项基本的人权在《世界人权宣言》第 26 条中进行了专门规定。

受世界人权运动的影响,全纳教育在联合国等国际组织的大力推动下在全球范围内迅速兴起并获得快速发展。联合国教科文组织等机构召开的"世界全民教育大会"和"世界特殊需要教育大会"对全纳教育的产生和发展起到直接的推进作用。1990 年,联合国教科文组织等在泰国宗迪恩召开了"世界全民教育大会",大会通过了《世界全民教育宣言》。这次大会提出的"全民教育",强调教育是人的基本权利;教育对于个人发展和社会进步极为重要,必须普及基础教育和促进教育平等。全民教育的目标是满足所有人基本的学习需要。1994 年,联合国教科文组织和西班牙政府联合在西班牙萨拉曼卡召开了"世界特殊需要教育大会"。这次大会通过并发布了《萨拉曼卡宣言》,重申每个人都有受教育的基本权利,提出每个人都有其独特的个性、兴趣、能力和学习需要,学校要接纳全体儿童,并满足他们

---

[1] 柳树森.全纳教育导论[M].武汉:华中师范大学出版社,2007:31.

的特殊教育需要。《萨拉曼卡宣言》首次正式提出"全纳教育"这一概念,并号召世界各国广泛开展全纳教育,在国际教育发展过程中具有重大意义。从上述两次国际会议及其宣言的内容不难看出,全纳教育是全民教育理念的自然延伸和发展,全民教育是全纳教育的前序和基础,如果说全民教育是要实现和保障所有人都能平等而不受歧视地接受基础教育的权利的话,全纳教育则是在此基础上进一步提出了从实质上实现这一权利的目标、方法和途径。

从联合国及其下属组织发布的文件中,可以清晰地发现世界教育从保护人权到全民教育再到全纳教育的思想脉络。

1.《世界人权宣言》

1948年12月在第三届联合国大会上通过的《世界人权宣言》[①]在前言中郑重声明,制定该宣言的目的是构建人权的"所有人民和所有国家努力实现的共同标准",使人权所应包含的权利和基本自由能为国际社会"普遍和有效地承认和遵行"。

《世界人权宣言》首先确定了人权平等和反歧视的基本原则,规定"人人生而自由,在尊严和权利上一律平等",及"人人有资格享有本宣言所载的一切权利和自由,不分种族、肤色、性别、语言、宗教、政治或其他见解、国籍或社会出身、财产、出生或其他身份等任何区别","法律之前人人平等,并有权享受法律的平等保护,不受任何歧视"。权利平等和禁止歧视原则是人权保护的根本基石,为全纳教育的提出和发展提供了法理和道义上的支撑。

《世界人权宣言》第二十六条对教育权做了专门规定,即人人都有受教育的权利,教育应当免费,至少在初级和基本阶段应如此,初级教育应属义务性质,技术和职业教育应普遍设立,高等教育应根据成绩而对一切人平等开放;教育的目的在于充分发展人的个性并加强对人权和基本自由的尊重;教育应促进各国、各种族或各宗教集团间的了解、容忍和友谊,并应促进联合国维护和平的各项活动;父母对其子女所应受的教育的种类,有

---

① 联合国.世界人权宣言[R].联合国官网,2017-04-26.

优先选择的权利。

2.《儿童权利公约》

1989年11月,第四十四届联合国大会通过了《儿童权利公约》①,其目的是促使国际社会在保护儿童权利上普遍承担义务,切实保障儿童权益。《儿童权利公约》第二条重申了人权平等和反歧视原则,规定缔约国应尊重并确保其管辖范围内的每一个儿童均享受公约权利,不因儿童或其父母或法定监护人的种族、肤色、性别、语言、宗教、政治或其他观点、民族、族裔或社会出身、财产、伤残、出生或其他身份而有任何歧视,采取一切适当措施确保儿童免受一切形式的歧视或惩罚。《儿童权利公约》确立了儿童权益保护和发展的基本内容,实质上是《世界人权宣言》所确立的权利平等和禁止歧视原则在儿童权益保护领域的一种体现。保护儿童平等的享有权利且不因任何理由受到歧视也成为全纳教育的一项基本精神。

《儿童权利公约》中的一些规定已经包含了全纳教育思想的实质内容。例如:

> 第二十三条规定对残疾儿童权利和尊严的保护,促进其在自立和积极参与社会生活的条件下享有充实而适当的生活;通过有助于该儿童尽可能充分地参与社会,实现个人包括其文化和精神方面的发展的方式,保障残疾儿童享受特殊护理、教育、卫生保健、培训、康复、就业准备和娱乐机会的权利。

> 第二十八条规定儿童有受教育权,且受教育权应基于机会均等的原则逐步实现。

> 第二十九条规定儿童的教育应该最充分地发展儿童的个性、才智和身心能力;培养对人权和基本自由以及《联合国宪章》所载各项原则的尊重;培养对儿童的父母、其自身的文化认可、语言和价值观、儿童所居国家的民族价值观、其原籍国以及不同于其本国文明的尊重;培养儿童本着各国人民、族裔、民族和宗教群体以及原为土著居民之间的谅

---

① 联合国.儿童权利公约[R].中国儿童中心官网,2017-04-26.

解、和平、宽容、男女平等和友好的精神,在自由社会里过有责任感的生活;培养对自然环境的尊重。

第三十条规定对因族裔、宗教或语言方面原因属于少数人或土著居民儿童权利的保护,规定国家不得剥夺他们与其群体的其他成员共享自己的文化、宗教和语言的权利。

3.《世界全民教育宣言》

1990年"世界全民教育大会"在其通过并发布的《世界全民教育宣言——满足基本的学习需要》和《满足基本学习需要的行动纲领》两份纲领性文件中号召国际社会努力消除性别、民族和地区差别,制定普及儿童基础教育、成人扫盲教育的目标、措施及具体计划,承担消除妨碍国家实现全民教育目标的障碍的义务。

《世界全民教育宣言》[①]在序章中指出其时《世界人权宣言》中规定的"人人享有受教育的权利"的落实情况仍不容乐观,并列举了女童教育、文盲和功能性文盲、成人学习等存在的问题;同时指出,一系列政治、经济、社会和环境问题的存在限制了为满足基本学习需要所作的努力,相当一部分人基础教育的缺乏又阻碍了各社会全力且有目的地解决这些问题。这些问题导致20世纪80年代基础教育在许多最不发达国家的明显倒退,即使在某些工业化国家,整个80年代政府开支的削减也造成了教育状况的恶化。《世界全民教育宣言》提出了全民教育的目标,即满足基本的学习需要;指出每一个人——儿童、青年和成人——都应该获得旨在满足其基本学习需要的受教育机会。

《世界全民教育宣言》提出了一个"扩大的设想",其内容包括五个方面:普及入学机会并促进平等、强调学习、扩大基础教育的手段和范围、改善学习环境、加强伙伴关系。对其中的"普及入学机会并促进平等",《世界全民教育宣言》又分五部分进行了详细的阐述:

(i)应该向所有儿童、青年和成人提供基础教育。为达

---

① 联合国教科文组织.世界全民教育宣言[R].联合国教科文组织官网,2017-03-09.

到此目的,应扩大高质量的基础教育服务,而且必须采取始终如一的措施来减少差异。

(ii)为实现基础教育机会均等,所有儿童、青年和成人都必须获得达到和维持必要的学习水平的机会。

(iii)最为紧迫之事就是要确保女童和妇女的入学机会,改善其教育质量,并消除阻碍她们积极参与的一切障碍。应该摈弃教育中任何有关性别的陈规陋习。

(iv)必须积极消除教育差异。不应使如下一些社会地位低下的群体在获得学习机会上受到任何歧视:穷人,街头流浪儿和童工,农村和边远地区人口,游牧民和移民工人,土著居民,种族、民族和语言方面属于少数的群体,难民,以及因战争而流离失所者和被占领区居民。

(v)残疾人的学习需要应受到特别的关注。必须采取措施为各类残疾人提供平等的受教育机会,以作为教育制度的一个组成部分。

依据扩大了的设想,《世界全民教育宣言》提出了明确的要求,包括创造一种支持性的政策环境、调动资源、加强国际团结等。

"世界全民教育大会"是教育发展史上一次具有广泛而深远影响的会议,会议确定的全民教育的思想理念指引了全球教育的发展方向,为全纳教育的正式提出和发展奠定了必要的基础。

4.《萨拉曼卡宣言》

1994年6月在西班牙萨拉曼卡市召开的"世界特殊需要教育大会"通过了《萨拉曼卡宣言:关于特殊需要教育的原则、方针和实践》和《特殊需要教育行动纲领》两份重要文件。《萨拉曼卡宣言》[①]与《世界全民教育宣言》一样,以《世界人权宣言》中"人人享有受教育的权利"为基本出发点,重申实施全民教育的承诺,并在前述几次会议和相关文件的基础上进一步确信和声明:

---

① 联合国教科文组织.萨拉曼卡宣言[R].联合国教科文组织官网,2017-06-08.

(i）每个儿童都有受教育的基本权利，必须获得可以达到的并保持可接受的学习水平之机会；

(ii）每个儿童都有其独特的特性、兴趣、能力和学习需要；

(iii）教育制度的设计和教育计划的实施应该考虑到这些特性和需要的广泛差异；

(iv）有特殊教育需要的儿童必须有机会进入普通学校，而这些学校应以一种能满足其特殊需要的儿童中心教育学思想接纳他们；

(v）以全纳为导向的普通学校是反对歧视，创造欢迎残疾人的社区，建立全纳社会以及实现全民教育的最有效的途径；此外，普通学校应向绝大多数儿童提供一种有效的教育，提高整个教育系统的效率，并最终提高其成本效益。

《萨拉曼卡宣言》呼吁并敦促各国政府：

(i）在改善教育制度方面，给予政策和预算方面最优先的考虑，以使教育制度能容纳所有儿童，而不论其个体差异或个人困难如何；

(ii）以法律或方针的形式通过全纳教育原则，普通学校招收所有儿童，除非有不这样做的令人信服的理由；

(iii）建立示范性项目，并鼓励同具有全纳学校经验的国家进行交流；

(iv）建立分权的参与机制，规划、监测和评价用于有特殊教育需要的儿童和成人的教育设施；

(v）鼓励并促进家长、社区和残疾人组织参与有关特殊教育需要设施的规划和决策过程；

(vi）在早期鉴别和干预的策略乃至职业的全纳教育方面作更大的努力；

(vii）确保在制度变革的情况下，职前和在职师范教育计划均涉及全纳学校中特殊需要教育的内容。

"世界特殊需要教育大会"及其发布的文件在继承和发展基于人权平等和反歧视原则的全民教育理念的基础上第一次明确

提出了"全纳教育"的理念,完成了从全民教育到全纳教育的跨越,并以全纳教育指明了世界教育改革和发展的方向。正如时任联合国教科文组织总干事费德里科·马约尔(Federico Mayor)所说,这次大会的宗旨就是通过考虑促进实现全纳教育——学校能服务于所有学生尤其是有特殊教育需求的学生——所需要的根本的政策调整,来进一步实现全民教育的目标。

除了上述的几个重要会议而外,2000 年 7 月在英国召开的以"接纳被排斥者"为主题的第五届国际特殊教育大会进一步聚焦全纳教育。大会就全纳教育实施的对象范围达成共识,指出国际全民教育运动发展至今,仍有许多人因各种原因依然在经受着歧视和排斥。因此,全纳教育的对象不仅局限于残疾人,也包括由于各种原因存在学习困难的人,以及那些已入学但由于各种原因没有得到适当发展的人、没有机会入学的人以及重度残疾、需要提供额外帮助的人等。[1]

(二)全纳教育思想的内涵及对加拿大原住民教育政策的影响

在全纳教育的思想正式提出之前,许多国家实际上已经着手进行了诸如"一体化教育""回归主流教育""特殊需要教育"等具有全纳教育成分的实践,为全纳教育的兴起和发展奠定了必要的基础。尽管全纳教育是从特殊教育中孕育出来的,但它早就超越了特殊教育的范畴进入普通教育领域,并对普通教育提出了进行全面改革的要求。全纳教育力图通过对普通教育的改革,使教育从关注所有学生的角度出发,主动适应和满足不同学生的需要,提升所有学生的学习积极性和参与度,消灭排斥学生的现象,革除传统教育体制的流弊,应对未来社会的要求和对目前的教育提出的挑战。

进入 21 世纪以来,随着对全纳教育的探索和实践的不断深入,《萨拉曼卡宣言》确立的每个人都拥有受教育的基本权利;每

---

[1] 黄志成.全纳教育——关注所有学生的学习与参与[M].上海:上海教育出版社,2004:24-31.

个人都有其独特的特性、兴趣、能力和学习需要；教育必须考虑到这些特性和学习的广泛差异；学校要满足有特殊教育需要的儿童；学校要接纳所有儿童，反对歧视等原则和理念日益得到国际社会广泛的理解和接受。

尽管全纳教育已经确立了前述五项原则，但对全纳教育内涵的理解仍然存在一些不清晰和差异的地方。通过对全纳教育定义的分析研究，可以帮助我们加深对全纳教育内涵的理解。英国著名教育家布思(Tony Booth)提出，全纳教育就是要加强学生参与的过程，主张促进学生参与就近地区的文化、课程、社区活动，并减少学生被排斥的过程[①]。在布思对全纳教育的定义中，"全纳"包括两个相互联系的过程：促进学生参与主流学校和社区的文化、课程；减少学生遭主流学校和社区的排斥。显然，布思对全纳教育的定义主要是从社会学角度出发的。在这种概念下，"全纳教育要探讨的不是'一体化'和'隔离'的问题，而应探究全纳和排斥的问题"[②]。布思的定义中的全纳教育显然已经超出了特殊教育的范畴，涉及的是整个教育体系。布思自言："很明显，这个概念可以运用于所有学生，而不是当前被认为有特殊教育需求的学生。"[③]我国学者黄志成也从全纳教育的五个原则出发对全纳教育进行了定义，即全纳教育是接纳所有学生，反对歧视和排斥，促进积极参与，注重集体合作，满足不同需求的持续教育过程。从这个定义理由的阐述中，黄志成实际上在响应全纳教育的五大原则的基础上提出了自己对全纳教育的理解和主张，即学校要接纳所有的人，不排斥任何人；全纳教育应当促进所有学生积极参与学校的学习和生活，主要是通过集体的合作和相互的帮助；人是有差异的，教育必须适应学生的不同需要，而不是要求不同的学生去适应固定的学习过程；全纳教育是一种持续的教育过程，而不是一种短期行为，是要为所有儿童提供高质量的教育，并且要改变社会上的歧视和排斥现象，创

[①②] 黄志成.全纳教育——21世纪全球教育研究新课题[J].全球教育展望,2001:1.

[③] Clough, P. & Corbett, J. Theories of Inclusive Education: A Students' Guide [M]. London: Paul Chapman Publishing Ltd., 2000:62.

造受人欢迎的社区,建立全纳社会。①

事实上,无论是从布思还是黄志成对全纳教育的定义,以及前文中所提及的各个会议发布的文件之中都能看出,全纳教育并不仅指对残疾人的教育或有特殊需求学生的教育,而是将所有学生都包含在其中。从针对残疾人的特殊教育到后来的特殊需求学生教育再发展到全纳教育,体现了全纳教育内涵的不断发展和完善。同时,两人的定义都强调了主流学校对有特殊需要学生的接纳,消除歧视和排斥,提升学生的参与度以及创新学校与社会的关系等全纳教育的基本内涵。综合借鉴前人的学术成果,笔者认为,全纳教育至少具备以下两方面的重要内涵:①追求实质上的教育平等。教育平等是现代教育最为重要的理念和价值取向之一,也是全纳教育的核心内涵。教育平等具体包括三层意思:一是每个人具有相等的机会接受基本的教育;二是每个人都具有相等的机会接受符合其身心发展所需要的教育②;三是每个人在获得应有的教育的过程中都不得因其自身的差异性而受到歧视和排斥。之所以说教育平等是全纳教育的核心内涵,是基于如下几个方面的原因:首先,在全纳教育产生和发展历程中发布的国际性文件(如《世界全民教育宣言》《萨拉曼卡宣言》)及各国相应的法律、法规都明确规定了所有儿童平等的教育权利,包括原住民儿童、残疾儿童和其他儿童。其次,全纳教育的思想基础源自受教育权是人类基本权利,是更加公平的社会的必要基础之一的信念,其核心就是将教育视为个体和社会发展基础的一种承诺。③ 教育不是少数人的特权,而是所有人的权利。④ 再次,全纳教育的实践体现了教育平等的思想理念。国内外特殊教育与普通教育一体化的思想理论、方法和途

---

① 黄志成.全纳教育——关注所有学生的学习与参与[M].上海:上海教育出版社,2004:37-38.

② 柳树森.全纳教育导论[M].武汉:华中师范大学出版社,2007:26.

③ 联合国教科文组织.全纳教育共享手册[M].陈云英,杨希洁,赫尔实,译.北京:华夏出版社,2004:序言1.

④ 联合国教科文组织.全纳教育共享手册[M].陈云英,杨希洁,赫尔实,译.北京:华夏出版社,2004:7.

径,为残疾儿童平等参与社会分工与合作提供了成功的经验,并指明了发展方向。这些都鲜明地体现出对教育公平的价值追求。最后,全纳教育的根本目的就是要解决教育领域的不公平,实现实质性的教育平等。全纳教育是全民教育的延续和发展,其主要通过全纳学校提供满足全体儿童各自特殊需要的成功教育,让包括特殊教育需要儿童在内的所有儿童,在教育权利、教育机会、课程、教学评价等各方面,从形式到实质平等参与教育的全过程,实现儿童潜能与个性最大程度地发挥。可见,全纳教育内在的目的是保障所有儿童享有平等、民主的教育权利,提升所有儿童的主体地位,最大化地发挥儿童的潜能与个性。[1][2]建立"全纳"的教育体制。如果说追求教育的实质平等是全纳教育的价值内核的话,建立"全纳"教育体制,拓展普通学校的教育功能,实现教育模式向个性化和社会化方向的转变,就是全纳教育的具体指针。随着全球化进程的不断深入,当今社会日益呈现出文化多样和价值多元的特点。每个儿童都有其特点、兴趣、能力和学习需要,因此,要真正实现受教育权利,教育体制的设计以及教育项目的执行都应该考虑儿童各自不同的特点和需要。[2]以"隔离教育"为标志的传统特殊教育模式,忽视了这一特点,并不能满足有特殊需要的学生的教育需要,其较低的教育水平和教育质量也无法为学生未来进入社会生活提供必要的知识、技能和手段。为此,必须建立"全纳"的教育体制来代替传统的教育体制,发展一套针对学习者多样性和特点的有效的教育体系,让普通学校具有更为广泛的教育功能,使其有能力为所有的儿童提供其所需要的教育。[3]全纳教育体制的建立需要学校教育在模式上和功能上进行转变:一是由对学生模式化的塑造转为以学习者为中心,针对学生的多样化需求提供相应的教学和帮助,使学生的个性特征得到充分发掘,并且在完整的生活世界中,在文化和价值的相互理解中完成社会化。二是拓展学校教育的功

---

[1] 柳树森.全纳教育导论[M].武汉:华中师范大学出版社,2007:26.
[2][3] 联合国教科文组织.全纳教育共享手册[M].陈云英,杨希洁,赫尔实,译.北京:华夏出版社,2004:12.

能,走向社区化。教育既要充分吸收社会文化的营养,又要积极为社区利益服务,刺激社区文化因子的发掘和成长,推动社区建设,成为社区精神文化的堡垒。全纳教育对教育模式和功能转变的要求体现了布思"学校就是发展一种综合性的社区教育"的观点。① 但是,建立全纳教育体制又不仅限于学校教育的改革,它的目的是要消除或减少各种学习障碍,使普通学校能够为所有学习者提供其所需要的教育,为全体公民建立一个更公平的社会。从这个意义上讲,全纳教育是一场更广泛的社会运动的组成部分。②

全纳教育的思想对加拿大的教育理念和实践产生了巨大的影响。自全纳教育思想提出以来,加拿大积极响应全纳教育的号召,在全国推行全纳教育。在推进全纳教育发展的过程中,加拿大结合自身的教育实际,树立了具有加拿大特色的全纳教育思想理念。有加拿大学者也给出了加拿大全纳教育的定义,即全纳教育是所有学生,无论其个体所面临何种的挑战或存在何种差异,均平等地享有进入正规班级和同龄的其他儿童一起学习的机会,并获得针对其个人的目标并通过足够的支持实施的教育。③ 加拿大学者马拉·萨蓬-谢文(Mara Sapon-Shevin)也曾言,全纳和尊重多样性并不是仅适用于残疾学生或天才学生的原则。如今,在所有的教室里都存在人种、种族、宗教信仰、家庭背景、经济水平和能力等方面的差异性。④ 约翰·瓦尔克(John Valk)在从加拿大的视角对全纳教育进行研究时指出,加拿大社会是一个多元文化的社会,但本质上更是一个全纳的社会,实施全纳教育是加拿大多元文化的社会实际和尊重人的基本权利与自由的理所当然的要求。尽管不完美,但全纳教育确实令加拿

---

① 黄志成.全纳教育——关注所有学生的学习与参与[M].上海:上海教育出版社,2004:49-50.

② 联合国教科文组织.全纳教育共享手册[M].陈云英,杨希洁,赫尔实,译.北京:华夏出版社,2004:16.

③ Field, P.L. A Study on Inclusive Education: Engaging All Learners [D]. Winnipeg: University of Manitoba, 1996:27-28.

④ Field, P.L. A Study on Inclusive Education: Engaging All Learners [D]. Winnipeg: University of Manitoba, 1996:15.

大的公共教育体系变得更加开放,也使学生得到更多的自由和选择与参与的权利,有利于加拿大共同意识、归属感和社会团结的形成。①乔迪·R.卡尔(Jody R. Carr)也认为全纳教育具有平等、参与、非歧视、欣赏多样性和分享好的实践经验等关键价值,是一个推进高质量学习的教育学和哲学的途径;通过全纳教育可以促进和容纳所有学生的多样性的学习,使他们能够在普通学校的教室中充分地发挥自己的潜能。②

从前述加拿大学者对全纳教育的观点中可以看出,加拿大在全纳教育的适用对象范围的认识与国际主流认识是一致的,都认为全纳教育不仅适用于残疾儿童或天才儿童,而且应该容纳全部的多样性。从这个角度出发,多元文化主义教育的目标和全纳教育的目标实际上存在相互交织和融合。在大多数时候,全纳教育和多元文化主义教育的目标和愿景基本上是完全同一的。③ 全纳教育不仅限于满足残疾儿童或天才儿童的需要,还必须满足所有学生的需要,在课程、教室和学校中容纳所有的学生。全纳教育并不是指在教室中对存在差异的学生的物理性容纳,它所要容纳的是所有学生源自经济、社会、种族、文化和情感等方面的差异而带来的多样性。

许多研究全纳教育的加拿大学者也承认,全纳教育和多元文化主义教育实际上具有共同性,即便认为他们为有特殊需要的学生设定的目标和愿望与许多多元文化主义者为文化、种族和语言上存在多样性的学生设定的目标和愿望不完全相同,但两者之间存在很大的相似性却毋庸置疑。认真审视多元文化主义教育的潜在目标即会发现,他们和全纳教育的内涵高度吻合。这些目标包括平等接受丰富而有益的、具有挑战性的教育的机会,积极参与多样化的学习小组的机会,在就近的学校的正规班

---

① Valk, J. Inclusion and the Nature of the Human: A Canadian Perspective[R]. Berlin: International Congress of Heilpadagogik, 2015:2.

② Carr, J.R. A Conceptual and Legal Framework for Inclusive Education [R]. http://inclusiveeducation.ca/wp-content/uploads/sites, 2016-05-01.

③ Field, P.L. A Study on Inclusive Education: Engaging All Learners [D]. Winnipeg: University of Manitoba, 1996:15.

级中作为重要的一员而被尊重的机会,以及积极推进学校教育与社区的衔接,帮助学生为离开学校后进入社区而做好充分准备的机会。在许多加拿大全纳教育研究者的眼中,世界就是一个"全纳"的社区,社区里的人们都是多样性的代表。对于儿童来说,有机会在他们结束学校生活后在将要进入的社区学习和成长至关重要。全纳教育和多元文化主义教育对此具有共同的认识,都力图创造一个使更多人能够有机会相互了解、共同协作和休闲生活的世界。由此可以发现,在加拿大全纳教育的内涵中蕴藏着一种信念:所有的儿童都可以通过就近学校的正规班级来接受教育;对所有的学生来说,最好的学习环境就是在正规班级里与同年龄的同学们一起学习;教室和课堂应该最大程度地反映多样性,并使所有学生为成为社区的一员作好准备。[1]

---

[1] Field, P.L. A Study on Inclusive Education: Engaging All Learners [D]. Winnipeg: University of Manitoba, 1996:14-22, 29.

第三章 当代加拿大原住民教育政策的基本内容

由于在历史上长期遭受同化政策的压迫和剥夺,加拿大原住民的社会政治、经济地位和教育水平普遍较低。随着多元文化主义和原住民自治运动的兴起与发展,加拿大政府和社会对原住民在经济社会发展中的作用和重要性的认识不断加深,特别是对原住民教育在解决原住民问题、促进原住民经济社会条件的改善并由此推动加拿大社会政治、经济的持续、健康发展中的关键作用的认识不断加深,促使加拿大在对原有的原住民教育相关政策进行扬弃的基础上,逐步建立起了现行的原住民教育政策体系。

研究认为,加拿大缔结的相关国际条约及其宪法是加拿大原住民教育政策的根本依据。在此指导下,联邦的其他法律以及条约、协议中有关原住民教育的内容则是实施原住民教育计划的具体指南。加拿大宪法制定了多项条款保护原住民受教育以及传承和发展民族文化的权益,是原住民教育政策的重要基石。以宪法为基础,人权法以及多元文化主义法的颁布进一步奠定了原住民教育的多元文化主义框架;原住民聚居地区政府根据地区的实际情况,不断制定、调整并颁布更加具体的原住民教育政策。总体而言,加拿大原住民教育政策主要包括加拿大政府签订的国际条约中涉及原住民教育自治的相关内容,联邦法律、联邦与原住民群体之间签署的条约和协议中关于原住民教育的政策以及原住民聚居地区的教育法等内容。

一、加拿大缔结的国际条约中与原住民教育相关的内容

加拿大缔结和签署的国际条约中包含有关原住民教育的条款。根据条约必须信守的原则,这些条款对加拿大原住民教育具有法律效力,且其中相当多的条款内容已经通过加拿大国内法的形式得到体现和贯彻实施。

2010年10月,加拿大签署《联合国原住民权利宣言》(简称《宣言》),加入支持联合国原住民权利宣言的国家行列,再次承诺致力于保护和促进加拿大和全球原住民权利。该《宣言》规定了原住民的个人权利和集体权利,承认原住民在文化、身份、语言、就业、健康、教育方面的权利和其他相关权利,呼吁维护和加强原住民文化认同;原住民有权保持、保护和发展自己的文化遗产、传统知识、传统文化表达及相关的知识产权,国家应采取有效措施认可和保护此类权利的执行,强调在保持其自身需要和抱负的情况下追求发展。

同时,加拿大也是联合国大会1965年12月21日通过的《消除一切形式种族歧视国际公约》的缔约方。根据该公约的规定,公约缔约国应遵循联合国宪章以全体人类天赋尊严与平等的原则为基础的规定,采取共同及个别行动与本组织合作,以达成不分种族、性别、语言或宗教,增进并激励对全体人类的人权及基本自由的普遍尊重与遵守;鉴于世界人权宣言宣示人皆生而自由,在尊严及权利上均平等,人人有权享受该宣言所载的一切权利与自由,无分轩轾,尤其不因种族、肤色或民族而分轩轾;鉴于人人在法律上悉属平等并有权享受法律的平等保护,以防止任何歧视及任何煽动歧视的行为。

公约第1条第1款对"种族歧视"进行了界定,即基于种族、肤色、世系或民族或人种的任何区别、排斥、限制或优惠,其目的或效果为取消或损害政治、经济、社会、文化或公共生活任何其他方面人权及基本自由在平等地位上的承认、享受或行使。

公约第 2 条第 2 款规定,缔约国应于情况需要时在社会经济、文化及其他方面,采取特别具体措施确保属于各国的若干种族团体或个人获得充分发展与保护,以确保此等团体与个人完全并同等享受人权及基本自由,此等措施于所定目的达成后,绝不得产生在不同种族团体间保持不平等或隔别行使权利的后果。

公约第 5 条规定,缔约国依本公约第 2 条所规定的基本义务承诺禁止并消除一切形式的种族歧视,保证人人有不分种族、肤色或民族或人种在法律上一律平等的权利。在本条(辰)款关于经济、社会及文化权利的规定中,明确规定了享受教育与训练的权利及平等参与文化活动的权利。①

加拿大还是《公民权利和政治权利国际公约》缔约国。根据该公约的规定,在那些存在着人种的、宗教的或语言的少数人的国家中,不得否认这种少数人同他们的集团中的其他成员共同享有自己的文化、信奉和实行自己的宗教或使用自己的语言的权利。②

二、加拿大联邦法律中与原住民教育相关的内容

(一)加拿大宪法中与原住民教育相关的内容

加拿大宪法是加拿大原住民教育政策制定和实施的基石。作为原住民教育政策的根本原则和基本保障,加拿大宪法包含了多项保护原住民的政治、经济以及教育权利的条款,是原住民教育政策的重要依据。

加拿大宪法既包括成文的宪法文本,也包括不成文的宪法惯例。其成文法文本由《1867 年宪法》(即《1867 年英属北美法》)和含有《权利与自由宪章》的《1982 年宪法》等文件组成。

---

① 全国人民代表大会.消除一切形式种族歧视国际公约[R].中国人大网,2017-05-28.
② 联合国.公民权利和政治权利国际公约[R].联合国官网,2017-06-03.

1.《1867年宪法》

《1867年宪法》①相对简短而概括,分为11个部分147条。宪法赋予联邦政府一系列面向全国的重要责任,而赋予省政府的责任则具有严格的地方性。每一级政府都有自主立法权,而宪法对这些立法权进行定义和分配。宪法第六部分"立法权力分配"对联邦和省的立法权进行了界定。

第91条将公共债务和财产、商贸管理、课税、邮政服务、人口调查和统计、国防、货币发行和刑法等29项立法权赋予联邦,其中有关印第安人及其保留地的立法权被明确授予联邦立法机构。除此以外的各项立法权力则被授给了各个省的立法机构。

第93条专门规定教育立法的权限属于各省级立法机构。但是,加拿大议会享有通过制定补救法律对省级教育立法进行干预的权力。

《1867年宪法》中关于公民权的内容极少,几乎没有关于公民权的直接的规定。虽然宪法中也规定了对少数群体教育权利的保护,但保护的少数群体并不是基于种族或民族划分的少数群体,而是以宗教派别不同而划分的少数群体。尽管原住民教育当时并没有在宪法中得到明确体现,但《1867年宪法》在实际上为加拿大原住民教育体系的建立从根本上奠定了法律基础。联邦拥有对印第安人及其保留地的立法权,印第安人教育作为原住民事务的一部分被包含在其中。因而,原住民保留区内和保留区外的教育管辖权被分别赋予了联邦和各省/地区,实际上为当今加拿大两个并列运行的原住民教育体系的形成提供了宪法依据。联邦依据宪法设立的印第安事务与北方发展部②负责管辖保留区内的原住民教育事务,并为保留区内外的原住民教育提供资金等支持;各省和地区依据宪法,也建立起了完备的教育体系,原住民受教育者也可以选择进入省属学校接受教育。

---

① 沃尔特·怀特.加拿大政府与政治[M].刘经美,张正国,译.北京:北京大学出版社,2004:244-265.

② 印第安事务与北方发展部后更名为原住民与北方事务部;2017年加拿大联邦政府对内阁作出调整,原住民及北方事务部被分拆为两个新的部门,即"政府与原住民关系及北方事务部"和"原住民服务部"。

2.《1982年宪法》

《1982年宪法》[①]不是对《1867年宪法》的替代,而是对其进行的完善和修订。宪法在第一章《加拿大权利与自由宪章》(后简称《宪章》)部分(总第2条)即明确规定:"每一个人都享有基本自由,包括:良心和宗教的自由;思想、信仰、言论和表达的自由,包括出版及其他交流方式的自由;和平集会的自由;结社的自由。"同时,宪章还规定了公民的民主权利、迁徙权、法律上的权利、平等权利、少数民族语言的教育权利等。

宪章第15条规定了平等权利。该条第1款规定,"每一个人在法律面前和法律之下一律平等,并且享有平等的法律保护和平等的权益,不受歧视,特别是不受基于种族、民族出身或者肤色、宗教、性别、年龄或者身心缺陷的歧视"。宪法的此款规定以国家根本法的形式明确了包括原住民在内的所有加拿大公民均享有平等的法律权利,对禁止基于任何原因的歧视给予了更高法律效力的保障,为联邦政府颁布和实施与原住民教育相关的政策,保护原住民的受教育权利提供了根本依据。第15条第2款对第1款做了进一步说明,即"此项权利并不排斥旨在改善处境不利的个人或者集体,包括由于种族、民族出身或者肤色、宗教、性别、年龄或者身心缺陷而处境不利的个人或者集体的条件而规定的法律、规划或者活动"。由此阐明,宪法在保障公民普遍享有的个人权利的同时,在特定领域对包括原住民在内的少数群体的权利予以特殊保护,为具有反向歧视性质的原住民教育政策的制定提供了宪法基础。

第22条"保存的权利和特权"规定,"本法第16条至第20条(关于英语和法语作为加拿大官方语言)的规定,并不废除或者减损在本宪章生效之前或者之后,已经取得或者享有的关于非英语或者法语的其他语言在任何法律上的或者习惯上的权利或者特权"。第27条规定,本宪章应当按照符合于保存和增进加拿大人的多种文化遗产的方针进行解释。对语言和多元文化

[①] 沃尔特·怀特.加拿大政府与政治[M].刘经美,张正国,译.北京:北京大学出版社,2004:266-278.

遗产的宪法保护,进一步提升和巩固了多元文化主义政策在加拿大法律和政策体系中的地位,对包括原住民文化在内的各种文化给予了法律上同等的地位,为原住民文化的保存、传承、发展以及与其他文化的交流提供了法律保障,也为原住民多元文化主义教育的实施提供了又一切实的宪法依据。

宪法第三章"平均分担与地区差距"第36条"促进机会均等的义务"规定,在不改变议会或者省立法机关的立法权或者不改变它们享有的行使其立法权的权利的情况下,议会和省立法议会以及加拿大政府和省政府负有下述义务:

(1)为了加拿大人的幸福,促进均等的机会;
(2)促进经济发展,以减少机会悬殊;
(3)为全体加拿大人提供质量合理的主要的公共服务事业。

同时,该条还明确了"议会和加拿大政府应采取均衡支付原则,以便各省政府有足够的收入,能够在彼此相当类似水平的税收下提供彼此相当类似水平的公共服务事业"。该条款实际上是针对加拿大联邦内各省经济发展不平衡,各省财力悬殊的实际,为促进机会均等、地区发展和公共服务均等化而做出的制度安排;为原住民教育所需的物质条件和社会条件提供了根本的法律保障,特别是其促进机会均等和均衡支付等原则的确立,为各省和地区实施水平相当的原住民教育提供了联邦财政转移支付的法律依据。

宪章对原住民的权利和迁徙等自由也予以了规定。宪法第6条规定每一个加拿大公民都具有迁往任一省份,并在其地定居谋生的自由。第25条明确规定了"土著的权利和自由不受宪章影响,宪章对某些权利与自由的保障不应解释为废除或减损属于加拿大各土著民族的任何土著的、条约规定的或者其他的权利或者自由"。

宪法第二章是关于加拿大原住民的权利的专章。其第35条规定,承认加拿大土著民族现有土著的和条约规定的权利,保障土著民族居民的男女平等地享有前述权利,并明确界定加拿大的土著民族包括印第安人、因纽特人和梅蒂斯人。关于迁徙权和谋生权的规定,保障了原住民在保留区内外自由地设定居所、求学和就业的权利和自由。宪法明确载入了关于不得废止或减损原住民固有的、条约的或者其他的权利自由的禁止性规定,为原住民平等地享有受教育权利,消除教育领域对原住民的歧视奠定了法律基础,特别是对原住民女性平等地享有包括受教育权在内的各项权利给予了保护。

此外,第 35 条的附加条款还对该法第 25 条和 35 条的修改程序做出了规定,即在《1867 年宪法》第 91 条第 24 项(加拿大议会对于印第安人及其保留地具有单独立法权)被修改之前,前述两个关于加拿大原住民权利的条款的修订应由加拿大总理召集由加拿大总理和各省总理组成的宪法会议进行讨论,并应邀请各原住民民族的代表参加讨论,体现了联邦政府对原住民固有权利的尊重和民主权利的肯定。

(二)《加拿大人权法》中与原住民教育相关的内容

1978 年,加拿大颁布实施《加拿大人权法》[①],赋予所有人均应享有平等机会的原则以实际的效力,推进公民权利和自由的实质平等,标志着加拿大人权保护从《加拿大权利法》的形式平等向实质平等的提升。

《加拿大人权法》第 2 条阐明了立法目的——禁止歧视,并确立了所有个人均应与其他个体一样平等地享有根据自己的愿望和能力进行生活的机会,平等地享有与其作为社会成员所应承担的义务和责任相一致的满足自身需求的机会的原则,规定不得因种族、民族、国籍、肤色、宗教信仰、年龄、性别、性取向、婚姻及家庭状况、遗传特征、残疾和已经获得赦免的罪行等原因对个人实施歧视政策。在对歧视行为进行定义时,该法明确规定,因上述任何原因拒绝承认或拒绝任何个人获取利益、享有服务、使用公共设施或获得便利,或者采用对个人不利的差别对待均属违法行为。拒绝提供教育服务即是上述禁止性规定中的重要内容。

---

① Canadian Human Rights Act(R.S.C., 1985, c. H-6). http://laws-lois.justice.gc.ca, 2017-07-02.

该法第一部分详细列举了被归入禁止类的各种歧视原因和歧视行为,包括禁止在就业、薪酬、提供服务和设施等方面的歧视等诸多内容。为保障人们享有这些不受歧视的权利,《加拿大人权法》允许团体和企业采取纠正歧视行动计划或措施,但是以自愿为基础,不具有强制性。《加拿大人权法》明确,纠正歧视行动措施必须是旨在防止或消除任何妇女团体或妇女个人、少数民族、原住民、残疾人的不利处境,并且规定此种纠正歧视行动措施本身不得是歧视性的。

《加拿大人权法》专门设立了人权委员会来负责改法的实施。人权委员会有权受理个人或团体有合理根据认为某人从事或已经从事歧视行为的投诉,并可提议和支持实施某些纠正歧视行动计划。修订后的《加拿大人权法》设立了人权裁判机构,它可以就人权投诉进行调查,在它认为有必要禁止歧视继续发展的时候,可以签发特别的纠正歧视行动计划命令。

根据该法第 41 条第 2 款的规定,人权裁判所有权命令雇主为防止相同或类似的歧视行为继续发展而立即停止歧视行为,采取特别的纠正歧视行动计划、措施,并就计划的目的咨询人权委员会。《加拿大人权法》虽然对纠正歧视行动进行了规定,但这些规定仅停留在制定法授权和由私法主体实施的纠正歧视行动层面,对通过立法机关制定法律、行政机关采取行政计划或行政措施而实施的纠正歧视行动则基本没有涉及,可以说这种纠正歧视行动仍只局限在私力救济的层面而没有延伸到公力救济的层面。尽管还存在明显的局限,但《加拿大人权法》推动了纠正歧视行动的宪法制度的确立,并为该制度的宪法规范设置提供了有益的借鉴。

该法第 67 条规定,该法的任何规定均不影响《印第安法》的规定及依据《印第安法》所制定的任何规定。该条后来在 2008 年被取消,被该法的一个修正案所替代。该修正案规定,《加拿大人权法》第 67 条的废止不得被解释为对由 1982 年加拿大宪法第 35 条承认和确立的现有原住民权利和条约权利的废止或减损。同时,该修正案还规定,在依据《加拿大人权法》提起的针对第一民族政府,包括村落社委员会、部落委员会和管理当局的诉讼中,本法的解释和适用应当给予第一民族的法律传统和习惯法适当的关注,特别是应当注重个人的权利和利益与集体权力和利益的平衡。

《加拿大人权法》确定的权利和自由平等及反歧视的原则为原住民平等地享有权利和自由奠定了法律基础,并构成了其后制定的1982年宪法的先导。其中关于反歧视的若干规定,特别是关于禁止基于种族、民族、宗教信仰等原因的歧视行为的规定,对原住民平等参与教育、就业及其他社会生活,对改善原住民的经济状况和社会地位等提供了必要的社会环境,为原住民教育自治政策的制定和实施提供了法律保障。此外,《加拿大人权法》修正案对该法在针对第一民族提起的诉讼中的解释和适用原则的规定,体现了加拿大法律和司法实践对原住民与非原住民在权利意识上的差异性的承认,是尊重原住民文化和传统的观念在加拿大法律中的重要体现,为原住民争取经济社会地位平等、维护自身文化传统以及争取原住民自治权利等方面提供了更好的司法救济保障。

(三)《印第安法》中与原住民教育相关的内容

《印第安法》是加拿大国会于1876年通过的专门处理与加拿大原住民有关事务的法律。它是对先前管理原住民诸多法律的综合,在之后的一个多世纪中又经过多次修订。《印第安法》现行的文本是1985年的文本,①在其第114条至122条"学校教育"部分对有关印第安教育的内容予以了规定。

第114条第1款规定,"枢密院总督有权要求印第安事务与北方发展部部长根据该法律就印第安儿童教育同各省、育空地区、努纳武特地区和西北领地的行政长官以及公立或独立学校董事会缔结协议"。该条第2款还明确,"部长有权要求为印第安儿童设立、运行和维持学校"。

第115条规定,部长有权制定学校校舍、教学设备等基础设

---

① Indian Act(R.S.C.,1985,C.I-5).http://laws-lois.justice.gc.ca,2017-01-11.

施以及教育教学等相关标准。

第116条对入学就读予以了规定,"凡年满7岁的儿童均有入学就读的义务";"部长有权要求年满6岁的印第安儿童入学就读,要求已满16岁尚在学校就读的印第安青少年继续就读直至完成学业"。第117条规定有如下情况的可以免除入学就读:①因疾病和其他不可避免的原因不能入校就读并及时向校长报告的;②在家庭或其他地方能够受到有效教育的。

法律还对第114条至117条中相关的名词进行了解释。"儿童"是指已满6岁,但未满16岁,应根据部长的规定入学就读的印第安人。"学校"包括日间学校、技术学校和高中。

《印第安法》明确了原住民教育的行政主管部门,对印第安事务与北方发展部在原住民教育发展中应当履行的职权、责任和义务予以了明确规定,为原住民教育的实施构建了基本的制度框架。

(四)《加拿大多元文化主义法》中与原住民教育相关的内容

1988年,加拿大颁布了《加拿大多元文化主义法》,并由此成为世界上首个将多元文化主义确定为官方政策的国家。《加拿大多元文化主义法》[①]在其序言中开宗明义地宣布,加拿大政府承认人种、国籍或种族本源、肤色、宗教信仰的多样性是加拿大社会的基本特征,并致力于制定和实施多元文化主义政策,传承和发扬加拿大多元文化遗产,推进所有加拿大人在经济、社会、文化和政治生活中实现平等。加拿大确保所有的加拿大公民无论其人种、民族、语言及宗教,均享有平等的价值和尊严。

加拿大的多元文化主义政策是以法律形式明确规定的,其中第3条第1款界定了加拿大多元文化主义政策的内容:

> (1)承认并促进对加拿大社会文化和种族多样性的多元文化主义的理解,承认加拿大社会所有成员有保存、增强

---

① Canadian Multiculturalism Act. R.S.C., 1985, c. 24. http://laws-lois.justice.gc.ca, 2017-01-04.

和分享其文化遗产的自由;

(2)承认和促进对多元文化是加拿大遗产和国家认同的基本特征的理解,并构成了塑造加拿大未来发展的宝贵资源;

(3)促进多元文化主义在加拿大社会各个领域继续发展,促进所有个人和社区充分和公平参与可持续发展,共同塑造加拿大社会;并帮助他们消除阻碍其参与的各种因素;

(4)承认其成员具有共同起源的社区及其对加拿大社会的历史贡献,并促进他们的发展;

(5)保证每个个人均受到平等的法律对待,享有平等法律保护,同时尊重其多样性;

(6)鼓励和促进加拿大社会、文化和经济对加拿大多元文化特征的尊重和包容;

(7)促进在不同族裔的个人和社区的互动过程中形成的相互理解和创造力;

(8)促进对加拿大社会文化多样性的认同、赞赏、反思及表达;

(9)在加强加拿大官方语言的地位和使用的同时,保存并促进英语和法语之外语言的运用;

(10)促进多元文化主义政策在全加拿大范围内的实施与国家对官方语言地位的承诺协调一致。

为了确保这些政策的落实,第3条第2款规定了联邦机构的责任和义务,包括:

(1)保证不同族裔的加拿大人在这些机构中都平等拥有获得就业及升迁的机会;

(2)促进相关政策、计划的实施,提升不同族裔的个人和社区的能力,共同为加拿大的可持续发展作出贡献;

(3)促进相关政策、计划的实施,增进对加拿大社会成员多样性的理解和尊重;

(4)收集统计数据以推动与加拿大多元文化现实紧密相关的政策、计划和实施的发展;

(5)推进来自不同族裔的个人的语言和文化的运用;

(6)原则上所有联邦机构的活动均应以与加拿大多元文化现实相适应的方式开展。

作为世界上第一部国家层面的多元文化主义法,《加拿大多元文化主义法》确认了国家对民族多样性和文化多样性的尊重和包容,包括原住民在内的每一个加拿大公民在选择和保持自己文化权利的同时"平等地参与加拿大社会",为多元文化主义政策在原住民教育中的贯彻和实施提供了法律的框架支持。正是在多元文化主义政策的框架下,加拿大原住民教育才得到了快速的发展,原住民教育自治的理念和实践才能得以较快地推进。

(五)加拿大联邦法律中关于原住民教育的政策——以《Mi'kmaq 教育法》为例

《Mi'kmaq 教育法》[1]是由加拿大联邦制定的关于新斯科舍省 Mi'kmaq 第一民族教育权力的法律。该法的立法目的是使社区能够行使联邦与原住民签订的协议中所规定的与教育相关的管辖权。为实现立法目的,社区的权利应当通过自己的社区委员会来实施,社区委员会行使权力应当根据《印第安法》的相关条款的规定,经出席会议的多数委员的同意。该法明确规定了社区的权力和责任。社区拥有相关的立法权。每个社区均可在协议授权的范围内制定适用于该社区保留地内与初等教育和中等教育相关的法律;社区可以根据协议的规定,制定关于社区基金的管理和支出的法律,为社区成员的中学后教育提供支持。

该法第 7 条第 1 款规定,社区应当在协议规定的范围内为其保留区内的居民提供初等教育和中等教育项目和服务,或为此作准备。

该法第 2 款进一步明确,社区所提供的教育项目和服务必须与加拿大其他教育系统提供的项目和服务的水平相当,以保

---

[1] Mi'kmaq Education Act (S.C. 1998, c. 24). http://laws-lois.justice.gc.ca,2016-11-12.

障学生可以在不同教育系统之间无学业障碍地转学。

该法第 8 条还规定了社区教育董事会的职权。依照社区法律组建的社区教育董事会可以行使该法第 7 条赋予的任何权力。同时,该法还规定成立名为 Mi'kmaw-Kina'matnewey 的非营利公司,为提供该法规定的教育项目和服务给予支持,并对公司董事会的组成及职权进行了规定。

《Mi'kmaq 教育法》是一部关于原住民教育的专门法,尽管其仅适用于新斯科舍省 Mi'kmaq 第一民族,但是它比较充分地体现了第一民族控制第一民族教育的理念,保障了第一民族对保留区内原住民教育的管辖和控制权,同时对根据该法建立的原住民教育系统所提供的项目和服务进行了原则性的规定,对加拿大联邦及其他地区制定相关法律具有重要的示范和借鉴意义。

三、联邦与原住民签订的条约和协议中关于教育的政策

在加拿大的历史上,联邦(通常由印第安事务与北方发展部部长以英国女王的名义)及之前的英国王室与原住民签署过一系列的条约和协议[1],其中关于原住民权利的规定在今天仍然具有法律效力。尽管这些条约和协议仅适用于特定地区的特定原住民群体,但他们对原住民教育依然产生着重要的影响,也是加拿大联邦原住民教育政策的重要内容和表现形式。随着原住民教育日益成为社会关注的焦点,自 1975 年至今,联邦和省政府共计与原住民新签订了 24 个涉及原住民教育的协议,赋予原住民对原住民教育更大的控制权,鼓励原住民语言和文化在学校教育中的运用,提升原住民学生的教育成就,积极促进和保障原住民教育的发展。

---

[1] 习惯上一般将 1923 年之前签订的条约和协议称为条约,而将 1923 年之后,特别是 1975 年之后签订的称为协议。也有学者将 1923 年之前签署的 treaties 称为历史条约,而将之后签署的协议(agreements)称为现代条约。

(一) 条约中关于原住民教育政策的内容

总体而言,由于加拿大政府与原住民之间的条约基本都签署在1923年之前,原住民教育问题在当时并不是政府和社会关注的重点,各条约涉及教育的内容不多,且大多仅限于规定政府应当为原住民子女提供受教育的机会,既没有实质性的内容,也没有针对原住民教育的特殊性进行必要的制度安排。尽管如此,原住民教育权利作为原住民享有的固有权利被正式以法律文件的形式得到确认,对原住民教育发展仍然意义深远。

条约首先反映了政府为原住民儿童提供教育保障的义务。1899年签订的第8号条约规定,由于政府已经以政策形式保证只要条件允许,政府将在全国范围内为印第安儿童提供教育且不干涉其宗教信仰,不需要额外为印第安人在教育方面做出专门规定;相关法律与条约具有同等的效力。[1] 1906年签订的第10号条约规定,加拿大政府(以英王的名义)同意适时制定符合印第安儿童教育需要的规定。[2] 与第8号条约相比,第10号条约的一个进步是,政府对原住民教育的特殊性有了初步的认识,并在其一直秉持的"不需要额外为印第安人在教育方面做出专门规定"观点上出现松动和转变。

条约中涉及原住民教育的另一个内容是关于政府承担从事原住民教育的教师工资的规定。1877年签订的第7号条约、1899年签订的第8号条约、1906年签订的第9号条约以及1921签订的第11号条约中均载有联邦政府(以英王的名义)同意为那些为条约涉及的印第安儿童提供教育的教师支付加拿大政府认为适当的工资的内容。第9号条约还规定,加拿大政府应当为印第安儿童的教育提供适当的校舍和教学设备。

(二) 协议中关于原住民教育政策的内容

1. 原住民教育协议中的政策内容

加拿大政府与原住民签订的协议中有一类是关于原住民教

---

[1] Treaty No.8. https://www.aadnc-aandc.gc.ca,2016-11-12.
[2] Treaty No.10. https://www.aadnc-aandc.gc.ca,2016-11-14.

育的专门协议。2016年,加拿大原住民与北方事务部部长代表加拿大联邦政府(名义上代表英国女王)、魁北克政府及Tshakapesh① 学院共同签订了《支持印鲁青年入学就读和学业成功协议》。② 该协议是目前加拿大最新签订的关于原住民教育的专门协议,充分地体现了原住民教育自治的最新理念和进步,具有典型性意义,故本书选择对其进行专门介绍。

《支持印鲁青年入学就读和学业成功协议》的三个缔约方均希望加强合作以促进由Tshakapesh服务的印鲁社区的学生(包括就读印鲁社区内学校的学生和社区外学校的学生)入学就读和学业成功。协议主要包括以下几个方面的内容:

(1)协议的目的。协议旨在加深Tshakapesh学院、原住民与北方事务部以及魁北克教育和高等教育部之间的协调合作,促进由Tshakapesh服务的印鲁社区的学生(包括就读印鲁社区内学校的学生和社区外学校的学生)入学就读和学业成功,并通过教育实现保存、促进和传承印鲁文化和语言的目的。协议还寻求构建协调合作的框架,聚焦推进为实现前述目的而确定的优先领域和战略行动。协议是各方意愿的宣示,并不创设法律责任。

(2)协议的保障。构建协调合作框架,设立协调委员会以保障框架得到遵守以及平等公正的解决争议。

(3)协议的具体内容。协议开展的协调合作是对加拿大政府和魁北克政府各自实施的旨在促进保留区内原住民学生及在魁北克学校系统中就读的学生学业成就的各类项目和计划的补充。印鲁社区的学校保留退出合作教育计划的权利;该协议不应被视为1982年宪法第35条意义上的条约,且不得以任何方式被解释为具有撤销、否认或承认既有权利、条约权利或其他权

---

① Tshakapesh是一个代表处于魁北克北部海岸的各印鲁社区的地方性组织。Tshakapesh学院是一个依据加拿大公司法组建的非营利性文化教育机构,其任务是帮助保存和发展印鲁语言及印鲁文化遗产,并受7个成员社区的村落社委员会的委托,代表其在联邦政府的教育伙伴计划中的权利。

② Agreement to Support the School Attendance and Academic Success of Innu Youth. https://www.aadnc-aandc.gc.ca,2017-07-23.

利的效力;任何行动都必须得到协调委员会三方成员①的一致同意;印鲁长者的传统技能、知识及智慧将被用于学校教学,以保护和促进印鲁语言和文化。协议还规定了五个优先发展的领域:

(1)促进为在印鲁学校和省属学校注册的学生提供的项目计划和服务的实施;

(2)共享专业知识与技能并提供服务;

(3)加强印鲁学校与省属学校之间的协调合作以帮助学生顺利实现过渡;

(4)增进各阶段(从儿童早期教育到中学后教育)学校教育项目之间、劳动力技能培训与社区需求之间的联系和协调;

(5)支持Tshakapesh开展相关研究,开发与其成员社区学校合作的教育服务模式,同时,就实施过程中的资金保障和各方应承担的资助义务协议也予以了明确规定。

《支持印鲁青年入学就读和学业成功协议》明确了加拿大联邦政府、省级政府和原住民群体在相互协作、共同促进原住民教育发展过程中各自应当承担的职责和义务。协议的制定和实施为提高印鲁社区教育质量、提升印鲁青年学业成就提供了政策保障。

2.其他协议中关于原住民教育的政策

除了前文介绍的原住民教育协议,加拿大政府与原住民签订的其他协议中也有诸多涉及原住民教育的内容,其中《西岸第一民族自治协议》②对原住民在其教育自治中的权利和义务以专章的方式予以了较为详细的规定,是联邦政府和原住民在进入21世纪后继续大力推进原住民教育自治,共同保护原住民文化,促进其教育、经济和社会文化发展的重要政策成果,具有相当的

---

① 根据协议的规定,协议的每一方应当向协调委员会指派一名代表负责协议的实施,Tshakapesh学院指派的代表负责主持委员会。

② Westbank First Nation Self-Government Agreement. https://www.aadnc-aandc.gc.ca, 2017-07-30.

代表性。有鉴于此,本书选取该协议进行重点介绍。

伴随第一民族自治理念和实践在加拿大的不断深入,加拿大政府与原住民签订了一系列自治协议,《西岸第一民族自治协议》即是其中由加拿大原住民与北方事务部部长代表加拿大联邦政府(名义上代表英国女王)与西岸第一民族在 2003 年签订的最终协议。①

协议在序言中明确宣告,加拿大政府承认原住民自治作为一项固有权利是《1982 年宪法》第 35 条规定的既有原住民权利。教育作为原住民自治的重要内容,在协议第 16 章中进行了专章规定。协议第 186 条 a 款规定,西岸第一民族拥有对其领地上的幼儿早期教育、初等教育和中等教育的管辖权;b 款规定,西岸第一民族所建立的教育体系应当允许学生能够和加拿大其他教育系统中的学生一样在不同的教育体系之间无学业障碍地转学。第 187 条则规定了西岸第一民族在教育自治中享有的具体权力,包括:

①对学费、中学后教育扶持、资金、课程、文体活动及其他特殊需要进行安排;

②创建管理机构管理教育项目;

③为其成员在西岸地区外就读的子女缔结有关的协议;

④与所属省份就有关该省教育服务的提供或标准签订协议,包括课程开发、教育水平均衡、教学方法、教师资格证书、教师的培训和发展、对教育体系的评估等;

⑤为生活在其领地内外的成员管理中学后教育资助金。

第 188 条规定,西岸第一民族在行使其教育管辖权的过程中,在维护其对自身的身份、语言和文化传统的保护权的同时,应充分重视与其他教育主管部门的协调合作。

---

① 加拿大联邦和原住民之间签订的协议分为三类,一类是框架协议,一类是原则协议,还有一类是最终协议,分别代表着加拿大联邦和原住民在原住民自治谈判进程中三个阶段的成果。

第 189 条和 190 条对协议的应用和效力进行了规定,"在本协议没有其他专门规定的情况下,若与教育有关的西岸法律与联邦法律发生冲突,适用西岸法律"。这一规定实际上赋予西岸第一民族法律在教育领域内比联邦法律更高的法律效力,为原住民教育自治提供了更加充分的法律保障。

四、努纳武特地区《2008 年教育法》

1993 年,加拿大出台了《努纳武特法》,并根据该法设立了加拿大最年轻的省级行政区——努纳武特地区。在这部法律中,努纳武特被赋予了一系列的立法权限,其中也包括对教育的立法权和关于保留、使用和促进因纽特语的立法权。[①]

在《努纳武特法》的框架之下,努纳武特地区制定并颁布了《2008 年教育法》,[②]确立了该地区自己的教育体系,并以此取代了该地区之前一直采用的西北地区教育体系。这一法律的目的在于确保努纳武特人所持的教育愿景和信念能够融入努纳武特地区的学校和教育之中。努纳武特地区教育部负责《2008 年教育法》的实施,包括确保各行政区教育局和努纳武特地区学校有足够的资源来履行法律和相关规定赋予他们的职责。

《2008 年教育法》对努纳武特地区从幼儿园到 12 年级的教育状况、受教育的资格条件以及学校应当采用的教育实施方式等内容进行了阐述和规定。法律的部分条款为已经在努纳武特地区学校中开展的教育实践提供了法律保障;同时,为应对现实挑战,对原西北地区法律所构建的教育体系做了重大变更,确立了该地区自己的教育体系。变更内容主要包括:

(1) 到 2019—2020 学年对所有学生开展双语教育(因纽特语和英语或法语);

(2) 将因纽特文化融入教育的各个方面,包括社区咨询和长者参与等;

(3) 教育主管部门的角色和职责;

---

① Nunavut Act(s.c.1993,c.28).http://laws-lois.justice.gc.ca,2016-08-05.
② Education Act, 2008. http://www.gov.nu.ca,2016-08-22.

(4)提供额外支持,帮助学生完成学业并取得成功。

同时,《2008年教育法》明确规定了有关部门的角色和职责:

(1)教育部应开展协同合作,为所有年龄阶段的学习者提供可参与的、连续的学习环境,激发学习者和教育工作者的潜能,促进个人和社区的发展。

(2)教育部部长负责法律的总体实施,包括为各行政地区教育局和学校提供所需资源,帮助他们履行职责。

教育部的职责由如下学校和机构共同合作履行:教育部、地区学校管理委员会(3个)、努纳武特地区法语学校委员会(1个)、课程与学校服务办公室(3个)以及努纳武特地区25个社区中的43所学校。其角色和职责分工见下图。

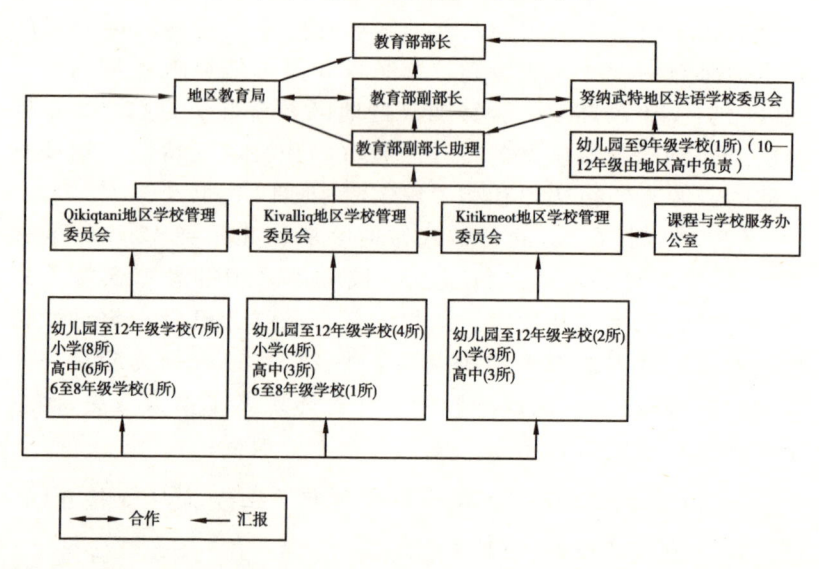

```
                        教育部部长
                            ↕
地区教育局 ←→ 教育部副部长 ←→ 努纳武特地区法语学校委员会
                            ↕                  │
                    教育部副部长助理     幼儿园至9年级学校(1所)
                            │            (10—12年级由地区高中负责)
    ┌───────────┬───────────┼───────────┬───────────┐
Qikiqtani地区   Kivalliq地区   Kitikmeot地区    课程与学校服务办
学校管理委员会   学校管理委员会  学校管理委员会    公室
    │              │              │
幼儿园至12年级   幼儿园至12年级  幼儿园至12年级
学校(7所)       学校(4所)      学校(2所)
小学(8所)       小学(4所)       小学(3所)
高中(6所)       高中(3所)       高中(3所)
6至8年级学校(1所) 6至8年级学校(1所)
```

→ 合作   → 汇报

http://www.gov.nu.ca,2013.

在学校层面,42所学校分属于三个不同的地区学校管理委员会管辖;地区学校管理委员会和课程与学校服务办公室合作,并共同对教育部副部长助理负责;教育部副部长助理对教育部副部长负责;教育部副部长助理、努纳武特地区法语学校委员会、地区教育局三个部门相互合作;同时,教育部副部长也与努纳武特地区法语学校委员会和地区教育局共同合作;42 所学校与地区教育局开展合作;1 所幼儿园至 9 年级学校向努纳武特地区法语学校委员会负责;地区教育局、教育部副部长以及努纳武特地区法语学校委员会共同为 43 所学校履行职责并对教育部部长负责;教育部部长负责努纳武特地区幼儿园至 12 年级教育的总体实施。

《2008 年教育法》还对各个部门的职责予以了详细规定:

(1)地区教育局。法律赋予地区教育局以重大职责。地区教育局由每个社区自己选举产生,其职责包括负责制定学生行为规范等学校制度,向学生、家长及社区广泛宣传教育的重要性,负责监督学校计划的实施以及向校长提供学校管理的咨询服务等。

(2)地区学校管理委员会。该委员会主要负责学校的日常运作、教学人员的管理、联系和支持地区教育局以及对幼儿园至 12 年级学生的教育计划和服务项目的开展予以监督等工作。

(3)课程与学校服务办公室。其主要职责包括课程、教学资源以及学生评价工具的开发,并应遵循如下原则:尊重和关心他人,培养开放、热情、包容的精神,为家人和社区服务,基于讨论与共识作出决策,通过实践与努力发展技能,为共同的事业而努力,培养创新精神,对土地、动物和环境的尊重与热爱等。同时,还需负责学生档案和教师资格证的管理、教育与领导力发展计划实施等工作。

(4)校长。校长负责各自学校的管理。在各部门各司其职的同时,法律要求各部门之间通力合作:校长和地区学校管理委员会的人员应为地区教育局履行职责提供支持;地区学校管理委员会的工作人员也需为学校提供教学支持和培训服务。

努纳武特地区立法议会负责对《2008 年教育法》的审查评估。审查评估每五年一次,内容包括法律的管理和实施、法律的效力与目标实现以及对法律提出必要的修订建议等。

《2008 年教育法》是努纳武特地区政府为应对教育所面临

的挑战,全面促进因纽特民族教育成就,帮助他们提升社会政治、经济地位而实施的民族教育自治政策。尽管只适用于努纳武特地区,但该法明确了教育各相关部门的责任、义务以及工作机制,构建了因纽特民族聚居地区较为完备的教育体系,对加拿大原住民教育自治具有重大的实践指导意义。

第四章 当代加拿大原住民教育政策的实施

良好的政策执行是政策效果的有力保障。本章将对当代加拿大原住民教育政策及其行动计划的具体实施予以阐述和分析。

为改善原住民和其他北方居民的社会经济状况,让他们更充分地参与加拿大的政治、经济和社会发展,1966年加拿大联邦政府设立印第安事务与北方发展部(DIAND),后更名为原住民与北方事务部(INAC),专门负责履行宪法、条约和协议中规定的政府对第一民族、因纽特人和梅蒂斯人的义务和责任,以及政府在加拿大北部地区的宪法责任。作为加拿大联邦政府在原住民事务上的官方代表机构,原住民与北方事务部负责谈判、制定以及履行与原住民有关的协议,并监督其他政府部门按协议要求履行其相关义务。原住民与北方事务部下设十个地方办公室,涵盖全加十个省和三个地区,具体负责各省和地区的原住民与北方事务,包括教育、住房、社区基础设施建设、土地管理、环境保护以及其他社会服务等。原住民教育政策以及相关的行动计划也是在原住民与北方事务部的统筹下予以实施。为了将更多资源和注意力投入到改善与原住民的关系上,加拿大联邦政府2017年8月28日宣布对内阁作出调整。其中最重要的举措即是将原住民与北方事务部分拆为两个新的部门:"政府与原住民关系及北方事务部"和"原住民服务部"。新设立的政府与原住民关系及北方事务部致力于引领政府的前瞻性和变革性工作,以构建与原住民的新型关系;原住民服务部则负责推动改善向原住民提供的包括教育在内的各类社会公共服务的质量。为了实现既定的原住民政策目标,加拿大政府在多元文化主义政策的框架下,就各阶段教育制订了相应的行动计划①以保障原住民教育政策得以有效实施,主要分为幼儿园至12年级教育行动计划、中学后教育行动计划、职业教育计划以及其他保障性计划等。

一、幼儿园至12年级原住民教育行动计划

为了向原住民提供优质的教育,保证他们拥有良好的生活开端,加拿大联邦政府与第一民族开展合作,帮助他们建立高质量的教育体系。原住民与北方事务部针对幼儿园至12年级的学生设立一系列教育行动计划,并为在保留区居住、年龄在4~21岁符合条件的原住民学生提供资助参与这些行动计划,帮助他们提升学业成就,获得良好的基础教育。这些行动计划包括初等/中等教育计划、教育新路径计划、第一民族学生成功计划、教育伙伴计划、高成本特殊教育计划以及第一民族和因纽特民族文化教育中心计划。资助的范围包括保留区内原住民管理的学校、保留区外的省属学校以及保留区内、外的私立学校。原住民与北方事务部直接拨款给第一民族或由第一民族指定的机构如部落委员会、第一民族教育机构等,由他们具体负责实施和管理教育计划并提供相应的教育服务。同时,原住民与北方事务部也为7所保留区内的联邦学校直接提供教育服务。

(一)初等/中等教育计划的内容和实施

初等/中等教育计划是加拿大联邦政府针对幼儿园至12年级的原住民学生实施的最主要的教育行动计划。政府希望通过

---

① 如无特别说明,行动计划的基本信息均来自加拿大原住民与北方事务部官网,2017-02-09.

计划的实施,让原住民学生和其他加拿大学生一样,获得水平相当的优质教育,取得教育成就,为原住民个人、社区以及加拿大社会提供可持续发展的动力。作为具体执行该政策的联邦部门,原住民与北方事务部着力推行初等/中等教育计划,帮助在保留区居住的原住民学生提升学业成就,以达到与保留区所属省份内其他学校相当的教育水平。原住民与北方事务部资助在保留区内学校就读的原住民学生,其中也包括有轻度至中度学习障碍的学生。这类受资助的学生占到所有加拿大原住民学生的61%。那些居住在保留区但是选择入读保留区外的省属学校或者入读保留区内、外的私立学校的原住民学生,原住民与北方事务部为他们提供学费。

1.初等/中等教育计划的执行

原住民与北方事务部根据"原住民学生名册"上登记的学生人数直接拨款给村落社委员会或由村落社委员会指定的机构(包括定居地/部落委员会、代表印第安村落社提供教育服务的公立或私立机构、省教育厅、省属学校董事会或私立教育机构等),由他们负责对名册上的所有学生具体实施计划所要求的教育服务,学生无须再单独申请计划资助。对联邦学校和村落社学校初等/中等教育计划的资助拨款通常情况下不超过36 000加元/(人・年)。此外,原住民与北方事务部也可以就初等/中等教育服务与各省教育厅直接达成协议,以合作管理者或第三方管理者的身份与第一民族共同或代表第一民族管理计划经费的使用。对目前的7所联邦原住民学校,原住民与北方事务部则直接负责教育计划的实施。

需要特别说明的是,为保证资助经费切实用于在校原住民学生、鼓励村落社委员会和相关机构最大限度保障更多原住民学生接受初等/中等教育,登记入"原住民学生名册"的学生必须满足以下条件:a)注册并就读于村落社学校、联邦学校、省属学校或被所在省认可为初等/中等教育机构的私立学校;b)在被资助当年的12月31号前年满4~21岁;c)保留区常住居民,或者长期租住在保留区且拥有注册印第安人身份;除此之外,学生必须在资助的当学年就读至9月。为此,所有学校都必须对学生的出勤情况予以登记。除每年9月、10月对学生出勤记录做全面检查外，原住民与北方事务部还会不定期到学校现场检查或者查阅学校记录，取消那些没有达到出勤要求学生的受助资格，减少相应拨款。为此，各原住民与北方事务部的地方办公室负责确定出勤考核标准，如9月和10月的出勤天数或者每月的出勤时间比率等，考核合格的学生方可登记入"原住民学生名册"并获得资助。对于因病、参加其他传统文化活动、开学时间延迟或其他不可抗因素造成缺勤的情况，各地方办公室会予以特殊考虑，但学生需提供相应的证明材料。原住民与北方事务部为实施资助而确立的学生出勤标准适用于村落社学校、联邦学校、省属学校以及被所在省认可为初等/中等教育机构的私立学校。

2.初等/中等教育计划的内容

（1）教学服务

①教学服务的标准。

村落社委员会确保符合资助条件，"原住民学生名册"上的学生能够在村落社学校、联邦学校、省属学校或被所在省认可为初等/中等教育机构的私立学校获得初等/中等教学服务。

在村落社学校和联邦学校实施的教学服务项目应当与各省实施的教育服务项目水平相当，所聘用的教师也必须拥有教师资格，教育水平能够让学生在所属省范围内的学校之间同年级无学业障碍地转学。

原住民与北方事务部每5年对所有村落社学校和联邦学校进行独立评估，内容包括课程、教学质量与标准以及社区和学校的目标是否实现等。村落社委员会还必须拟定计划落实学校评估报告的建议，并根据落实情况每年予以修订。

②教学服务经费的使用范围。

村落社或村落社指定的机构根据每年初等/中等教育计划的可用经费以及各地方学校的资助方案统筹安排用于教学服务的经费，并对经费的使用范围做了明确规定。

村落社学校的教学服务开支主要用于以下范围：学校专职人员的薪酬（包括校长、副校长、教师、代课教师、原住民语言助教等),传统文化和语言的学习和咨询,学科专业发展,课程开发,图书、电脑等教学资源的购买与维护,诊断性测试与评估(不包括高成本特殊教育项目要求的测试与评估),官方语言教学,网络服务,远程教育、网络课程等必要的教学支持项目,学校营养计划、学校行政办公开支、学校评估及整改等。对联邦学校而言,除了由联邦政府雇用的人员的薪酬由原住民与北方事务部直接支付外,其他教学服务经费开支范围和村落社学校相同。省属学校和被所在省认定为初等/中等教育机构的私立学校的教学服务经费的开支范围也与前两类学校类似。教学服务费、学生膳宿费和学校日常运行费等一起包含在学费里,由第一民族或原住民与北方事务部根据协议规定直接支付给学校。通常情况下,对入读私立学校的原住民学生的拨款不会高于入读省属学校的学生拨款。

(2)学生资助

村落社委员会确保居住在保留区的符合资助条件的原住民学生能够在村落社学校、联邦学校、省属学校或省教育厅认可的私立学校获得初等/中等教育计划资助,帮助学生克服经济上的困难,支持他们完成学业。相关经费主要用于以下范围:对住读学生或者父母因从事如捕猎等传统生计活动暂时外出的学生提供食宿费用,日常交通补助或学生往返于长期居住地与季节性居住地的额外交通补助,购买或租借图书、学习用具、毕业或表演礼服、实验用品等,接受如心理咨询或特殊教育课程等特殊教育服务。除以上资助范围之外,对那些不得不离家在外租住的学生的一些合理的临时开支,学校也可视情况适当予以补助。对学生的具体资助标准则参照各省的学生资助标准执行。

(3)学校董事会管理

村落社委员会或村落社委员会指定的机构确保为村落社学校提供学校董事会的管理服务。其内容包括:联系、协调地区范围的教育项目和服务,教育计划的修订,教育资源及课程开发,诊断性测试与评估(不包括高成本特殊教育计划和第一民族学生支持计划内的测试与评估),教师专业发展及支持活动,为第一民族、村落社行政部门提供意见建议,为社区提供咨询服务,与社区服务部门和各省教育厅协商教育发展规划、学校评估与整改、校董会的日常管理等。

(二)教育新路径计划的内容和实施

为提升学生、教师、教育管理者、父母及社区的教育经验,提高第一民族学生学业成就,加拿大联邦政府每年预算5 000万加元积极推行教育新路径计划,帮助第一民族增强教育管理能力。

1.教育新路径计划的内容

为保证计划的有效执行,原住民与北方事务部制订了计划的总体目标和具体目标。总体目标包括:通过地方管理机构和教育机构的发展,增强第一民族教育管理的能力;通过课程和语言教育发展、教学改进、信息和通信技术进步,提高课堂教学的效果;支持家长和社区参与儿童及青少年教育,创造更加有利的学习环境;支持村落社学校招聘和留任合格的教师和教育工作者,并为他们提供专业发展机会;增强学校的信息通信技术。在此基础上,2017—2018年度,原住民与北方事务部对教育新路径计划做了修订,增加了培养创新能力和发展研究、测量与评估能力两个新目标。在总体目标框架下,具体目标进一步细化:减少教学人员流动,加强对第一民族教育服务机构的协调和支持,保持和增加第一民族语言的使用,增加与文化相适应或相关的课程,提升计算机使用能力,优化相关数据以便更好地监督和促进学习进程,增加家长和社区在教育中的参与度,增进教育对未来职业发展重要性的认识。

在计划目标的指导下,围绕提升第一民族教育管理能力、提高教学有效性、增进家长与社区参与力度、支持村落社学校教师招聘与留任、发展教育信息技术五个方面,教育新路径计划制订了具体的内容:①提升第一民族教育管理能力:维持地区教育和管理机构的基础设施、支持地方学校管理和学校发展计划、提供学校董事会的教育管理服务、管理需要申请的教育项目。②提高教学有效性:开发体育、艺术、环境教育等课外活动;开发或完善课程,开展与民族语言和文化相关的活动;购买、开发、完善教学资源;开展提升课堂教学有效性的活动;购买信息技术软硬件;开展学校评估;管理需要申请的教育项目。③增进家长与社区参与力度:组织召开家长/社区会,举办支持社区和家长参与儿童和青少年教育的讲习班和研讨会,支持家长参与子女的教育发展,支持有利于将传统文化知识融入学校和家庭学习环境的活动,管理需要申请的教育项目。④支持村落社学校教师招聘与留任:制定和实施地区教师招聘、留任制度以及教师发展计划;鼓励、支持教师参与工作坊和研讨会,促进教师专业发展以达到专业资格标准;管理需要申请的教育项目。⑤发展教育信息技术:购买软硬件、局域网以及无线网络设施,开展教师教育技术能力培训,提供教育技术咨询服务等。

教育新路径计划的受益对象包括社区成员、中小学生、父母和监护人、村落社学校的教职员工、长者以及传统文化顾问、第一民族教育管理机构等。

2.教育新路径计划的执行

与初等/中等教育计划类似,教育新路径计划由村落社委员会或由村落社委员会指定的机构(包括定居地/部落委员会、代表印第安村落社提供教育服务的公立或私立机构、省教育厅、省属学校董事会或私立教育机构等)负责具体实施。所不同的是,计划实施教育新路径计划的村落社和村落社指定的机构需要在每年5月1日之前向原住民与北方事务部提交计划申报。原住民与北方事务部根据计划申报者的教育管理经历与能力、计划申报是否得到相关学校或社区的有效支持、计划实施的有效性与可行性、计划实施的监控与管理以及预算等五个方面对申报材料予以评估。需要特别说明的是,由村落社委员会指定的机构若要申请这一计划,除了提交申报材料之外,还需提供由村落社委员会出具的证明,确保其具备地区教育/管理机构的资质。证明材料包括其组织机构、公开的政策指南、经济规模证明、财务状况良好的证明等。原住民与北方事务部总部或地方办公室会就评估结果在其官方网站公布,同时也会给申请者寄送书面评审结果。评估合格的村落社委员会和村落社委员会指定的机构将获得原住民与北方事务部的拨款并按照计划指南和资助协议的相关规定实施计划。在计划实施过程中,实施方必须确保对资金使用和措施开展的监控和管理,同时,原住民与北方事务部有义务协助实施方,帮助他们更加有效地履行教育新路径计划的相关责任和义务。

(三)第一民族学生成功计划的内容和实施

为第一民族学生提供高质量的教育以使其获得进入劳动力市场所需的技能,并能够更好地参与到加拿大经济社会发展之中是加拿大政府的重要任务之一。为了达成这一目标,加拿大原住民与北方事务部致力于探索为第一民族儿童及青少年提供更好的教育计划的途径,并推出了第一民族学生成功计划。

1. 第一民族学生成功计划的主要内容

计划紧紧围绕支持保留区第一民族教育工作者(幼儿园至12年级)开展工作以满足学生的需求、提升学生和学校的成就这一核心主题,下设三个子计划:学校成功计划、学业评价和绩效评估,帮助学校跟踪和评估学生的表现,并实施相应的措施以提升学生读写能力、学生计算能力和学生保持率,丰富学生的学习经验,提高学生和学校的成就。

2. 第一民族学生成功计划的执行

为村落社学校提供初等/中等教育服务的地方第一民族机构可以向原住民与北方事务部申请第一民族学生成功计划。获得批准的第一民族机构按照计划资助协议的相关要求向村落社学校提供教育服务和资金支持,并确保所有参与第一民族学生成功计划的学校实施计划的三个主要部分,即学校成功计划、学业评价和绩效评估。第一民族学生成功计划的周期为3年。原住民与北方事务部就每一份计划申请单独进行评估,对每一份申请没有最低或最高资助限额的规定,资金也不采用地方/人头方式划拨。原住民与北方事务部根据计划申请中所支持的学校和学生数量、学校地理位置以及三年计划期内可提供的总资助额度等情况确定划拨的资助金额,按年度进行拨付。计划执行方须就第二、第三计划年份分别提交年度工作计划和资金预算以获取后续的资金支持。后两个计划年份能否获得资金支持取决于计划执行方的目标完成情况,以及是否在该计划的三个关键领域——促进读写能力、计算能力和学生保持率方面取得成效。同时,计划主要面向村落社学校。每个村落社学校只能从一个第一民族机构获得这一计划的服务;没有从任何第一民族机构获得教育支持和资助的联邦学校也有获得该计划资助的资格。

学校成功计划。学校成功计划是为提升读写能力、计算能力和学生保持率而实施的一个长期的、连续的学校发展计划。在执行过程中,计划实施方必须履行以下义务:对所支持学校的环境和学生成就予以评估,评估包括学生保持率、毕业率、学习成绩、学生家庭的支持等内容;在评估结果基础上制定相应的方案,包括计划的目标、策略、时间进度表、预期结果以及计划相关方的义务和责任等;与学校董事会以及社区沟通计划方案;实施方案并监督其进程;结果评估并向学生家长及社区报告计划的进程与效果。

学业评价。学业评价的目的在于为制订学校成功计划收集数据,根据评价的结果确定学校成功计划需要提升的目标领域。评价结果将在省级和联邦层面汇总分析,并形成报告。参加学校成功计划的学校需参加学校所属省的标准测试,也可以选择采用本省教育厅认可的标准测试,如加拿大成绩考试(CAT)和加拿大基本技能测试(CTBS)。同时,第一民族学生成功计划也支持学校选择和实施适当的学生成绩测评工具。

绩效评估。绩效评估的目的在于提升第一民族学校的管理能力,使其能够更好地了解学生的学习进度,收集、分析和掌握学校及第一民族学生成功计划的财务状况和运行情况。绩效评估的关键要素包括:①学校成功计划中设定的学校和学生成就的提升目标。②学生读写能力、计算能力、保持率的提高以及其他在学校成功计划中设定的相关测量指标。计划实施方也可以根据不同学校的具体情况制定其他评估指标,但必须包含月学生出勤率、毕业率、保持率、教学天数以及读写和计算标准化测试结果等指标并予以跟踪。③从学校成功计划规定的三种选择中确定使用一种学校数据管理系统:一是改进现行的符合计划要求的数据管理系统;二是新购符合计划要求且适合扩展的教育数据管理系统;三是采用各省增加了第一民族指标的数据管理系统。④数据分析和报告:计划实施方需对计划运行情况进行分析、汇总,并向学生、家长、社区和原住民与北方事务部报告。绩效评估结果将作为第一民族学生读写能力、计算能力以及保持率等方面的重要数据来源。

学校成功计划、学业评价和绩效评估相互协调、共同推进第一民族学生成功计划总体目标的实现。学业评价和其他相关信息可以帮助学校掌握学生需求、确定发展目标、制定有效措施以提升学生读写能力、计算能力和保持率;学业评价也为学校绩效评估提供数据;绩效评估结果向社会公布,便于各方及时准确地了解学校及学生情况、提出建议,以便学校进一步改进。

(四)教育合作计划的内容和实施

为促进第一民族、各省以及联邦政府相互间的合作,提升在第一民族学校和省属学校就读的第一民族学生学业成就,原住民与北方事务部积极建立和发展正式的教育合作计划,在省属教育机构、地方第一民族机构和学校内推进教育管理者与教学人员之间的工作合作关系。

1.教育合作计划的主要内容

教育合作计划支持建立和发展合作关系,包括在尚未建立合作关系的地区建立地方第一民族机构、各省教育厅以及原住民与北方事务部之间的合作关系,协商谈判,拟定三方教育合作谅解备忘录;在已经建立合作关系的地区或已缔结类似正式三方合作关系协议的地区,促进地方第一民族组织、各省教育厅以及原住民与北方事务部之间的联合行动。合作计划包含五个优先发展的领域,所有合作谅解备忘录及合作关系的推进和发展都必须至少聚焦于下列一个以上的优先领域:①发展第一民族—省级合作,推进第一民族学生就读省属学校的计划和服务;②共享专门知识与服务(如专业发展,与文化相适应的课程等);③促进第一民族学校与省属学校之间的协作,保障学生能够在其间顺利转学;④通过与其他具有合作关系的联邦和省级部门的合作,促进保留区学前教育、初等教育、中等教育以及职业教育之间的有效衔接;⑤提升地方第一民族管理机构提供教育支持和服务的能力。

其中,教育合作计划对促进第一民族教育管理能力尤其注重,强调了发展沟通交际能力、领导管理能力、计划执行与评估能力、人力资源管理能力、财务管理能力、信息技术运用能力以及家长和社区的教育参与能力等七类能力,并分别制定了相关的具体内容:①加强领导管理能力。改善第一民族学校董事会成员或行政管理部门主要负责人的招募和遴选办法,明确角色和职责;促进专业能力发展,增强学校董事会成员、行政管理部门主要负责人及其他管理人员的领导能力;利用省属学校董事会的专业力量提升第一民族学校董事会管理水平;与省属学校董事会及省教育厅确立和发展促进相互协作的策略;协助合作计划中的第一民族机构制定正规的协议和章程(如成员守则、行为准则等);将保留区内为第一民族初/中等教育提供资助和服务的各第一民族机构整合为第一民族教育局;建立正规的评估与支持机制,帮助成员学校提升实施教育计划的能力;健全学校董事会管理机制;鼓励第一民族长者和传统文化顾问参与教育计划的制定和实施;正式确立或改进教育争议解决的措施及申诉机制。②增强对外交往能力。发展与政府、非政府组织的合作关系;建立与发展与公共组织、专业机构、非政府部门的沟通合作机制;参与有关教育的政府间论坛;发展参与政策和计划制定的机制。③提高家长和社区参与教育的能力。规定社区参与教育的方式;允许社区参与教育决策;告知社区相关计划和政策的执行与效果。④增强计划执行和风险防控能力。培养教育发展战略规划和政策实施风险防控人才;制定和实施教育发展战略并开展自我评估;制定措施对第一民族机构提供的学校支持和服务进行监督和评估;与省教育厅联合开发学生个人信息代码系统,记录跟踪学生学业发展情况,便于政策制定者和实施者及时了解学生发展需求,提高政策的针对性和有效性。⑤提升财务管理能力。培养财务管理专业人员;制定财务管理方案,对资产、债务、收入和支出进行监管;制定措施,保障以公平、透明的方式分配教育资金。⑥提高人力资源管理能力。培养与人力资源管理相关的专业人才;制定教育服务人员(包括志愿者)的招募、遴选、聘用、培养、解聘等方面的人力资源管理办法;对教育机构的职员开展人力资源管理能力的相关培训。⑦提高信息管理水平。发展与信息管理和信息技术相关的业务能力;制订提升信息管理和信息技术能力的计划和措施;培养与信息管理和信息技术相关的专业人才。

2.教育合作计划的执行

教育合作计划2008年开始实施,计划截止日期为2020年3月31日。愿意为第一民族学校提供教育服务的省份和第一民族机构都可以申请加入该计划。自2008年计划实施以来,先后有新斯科舍省、不列颠哥伦比亚省、育空地区等11个省/地区政府、第一民族机构和联邦政府签署了教育合作三方协议,积极发展教育合作关系。鉴于教育合作计划在促进第一民族教育发展中所起的重要作用,加拿大2015经济行动计划拨付了2亿加元用于2015—2020年的学校和学生促进计划,发展教育合作,进一步提升第一民族教育管理能力,为教育改革作准备。

计划按年度申报。原住民与北方事务部于每年12月初发布申报教育合作计划的通知,12月至次年1月底收取申报材料,2—3月对申报材料进行评审,评审结束后公布评审结果,4—5月签署计划资助协议或补充协议。原住民与北方事务部会在计划申报通知中公布计划优先发展事项,通常每年会根据具体情况有所调整。计划规定合作关系中至少应包括一个地方第一民族机构以及省教育厅、原住民与北方事务部。基于此的合作关系可以最为有效地推进协作,最大限度地发挥资金的使用效率。其他的利益相关方也可以加入合作关系,包括其他的联邦和省级部门,以及私立教育机构等。计划对合作关系各方的责任义务也进行了规定,明确所有合作各方均负有探索支持第一民族学生成功路径的职责,都有责任对合作关系及其活动开展跟踪评估。在合作关系中,省属学校董事会、地方教育部门也可以在教育合作计划的实施中发挥作用。为更加有效地推进教育合作,计划对申请参加教育合作计划的各方,包括地方第一民族机构的资质做了明确规定:获得第一民族社区或学校的书面支持,需提供如村落社/部落委员会决议或其他正式的公函等；组织机构健全,需包含行政领导、财务人员以及董事会等；正在为村落社学校或社区提供教育服务和支持工作；财务状况良好；同意公开教育合作计划的年度报告,包括计划的措施及财务开支等信息。原住民与北方事务部主要依据申请者的教育管理经历与能力、计划申报是否得到相关学校或社区的有效支持、计划实施的有效性与可行性、计划实施的监控与管理以及预算等五个方面对计划申报材料进行评审。原住民与北方事务部与通过评审的申请者签署资助协议或补充协议并拨付计划资金。

教育合作计划的资金主要来源于联邦政府和省政府。联邦政府提供资金用于支持地方第一民族机构参与三方合作,促进开展第一民族学校发展的计划,帮助第一民族机构提升教育管理能力；各省级政府通过合作计划给予省属学校开展合作的财力支持。拨付给每个计划参与方的资助金额最多不超过45万加元。资金使用期限最长为18个月,其间需完成包括三方教育合作谅解备忘录的签订或与社区开展必要的沟通以及计划的实施等工作。

(五)第一民族和因纽特民族文化教育中心计划的内容和实施

为了帮助第一民族和因纽特民族保护和发展自己的文化遗产；原住民与北方事务部积极推行第一民族和因纽特民族文化教育中心计划,为保留区和因纽特人聚居地区的第一民族和因纽特民族文化教育中心提供资助,支持他们开展文化传承活动。

1.计划的目标

计划通过建立和运行第一民族和因纽特民族文化教育中心,帮助第一民族和因纽特人展示、保护、复兴和发展他们的语言和文化遗产；同时,依托文化教育中心向第一民族、因纽特学生以及其他加拿大学生提供与其文化发展相关的教育计划和服务,增进社区的文化理解与繁荣。具体目标包括：复兴第一民族和因纽特民族的传统文化技艺；发展第一民族和因纽特民族的现代文化技艺；发展第一民族和因纽特民族对其传统语言的掌握及应用能力;在主流教育体系中促进跨文化意识的培养,增进加拿大社会对多元文化的理解。

2.计划的执行

第一民族和因纽特民族文化教育中心以及因纽特人协会(因纽特团结组织)可以向原住民与北方事务部提交计划申请。申请受理时间为每年5月。申请者必须提交详细的计划方案,阐明方案中所提议的计划将如何实施以满足学校和社区的文化发展需求,实现计划的预期目标。原住民与北方事务部对申请材料予以审核、公布并对通过申请者拨款。对申请者的资格审查、申请材料审核、拨款等与教育合作计划的相关程序相同。

为保证计划实施的有效性,第一民族和因纽特民族文化教育中心计划对计划实施方的主要职责予以了明确规定:开展和促进对第一民族和因纽特民族文化及遗产的研究;开发/丰富第一民族和因纽特民族的语言学习资源;开发/丰富第一民族和因纽特民族语言学习资源之外的学习资源;开发和/或测试以文化为导向的教育课程资源及教学方法,以供学校和其他教育项目使用;开发和/或收集语言和文化教育课程供社区或公众使用;开发或更新有关第一民族和因纽特民族遗产的信息、历史资料等;支持社区的文化活动和传统仪式;支持社区博物馆、图书馆和艺术馆的运行;协调召开文化教育研讨会;支持有助于增进公众对第一民族和因纽特民族的历史和现代角色理解的活动;支持有助于复兴第一民族和因纽特民族传统技艺的活动;支持有助于发展第一民族和因纽特民族现代技艺的活动以及管理计划中需要申请的项目等。

与第一民族和因纽特民族文化教育中心计划配套,原住民与北方事务部还推行了一个辅助计划,即因纽特民族文化教育中心资助计划,为因纽特人个人或社区的因纽特民族文化教育中心提供资金,支持他们发展因纽特民族的文化遗产,促进他们同其他加拿大人分享自己的文化遗产,并以此提升全体加拿大人的多元文化意识。

(六)高成本特殊教育计划的内容和实施

通常情况下,特殊儿童根据其具体情况可分为轻度障碍儿童、中度障碍儿童、重度障碍儿童和极重度障碍儿童。原住民与北方事务部为原住民特殊儿童实施了两个教育行动计划:轻度和中度障碍儿童的教育需求通过初等/中等教育计划的实施得到满足;重度和极重度障碍儿童的教育服务则由高成本特殊教育计划的单独实施予以保证。

1. 计划的目标

原住民与北方事务部希望通过向保留区内的原住民重度和极重度障碍儿童提供达到省级标准的特殊教育资助和服务,充分发挥特殊儿童的潜能,帮助他们提升学业成就,尽可能获得更好的教育。具体目标包括:增加获得高中毕业证书或结业证书的重度和极重度障碍儿童人数;让重度和极重度障碍儿童获得根据其个人发展计划既定的教育服务。

2. 计划的执行

村落社委员会、联邦学校、各省教育厅、省属学校董事会、村落社委员会认定的私立教育机构或组织可以向原住民与北方事务部提出计划申请。计划按年度申请,申请受理时间为每年5月。申请者需要提交详细的计划方案,阐明在一学年中所要开展的所有高成本特殊教育服务活动。申请还必须说明这些教育服务活动如何实施从而满足特殊儿童的教育需求,实现计划的预期目标。原住民与北方事务部对计划申请予以审核,并向通过审核的申请机构拨款,由这些机构为居住在保留区且现有教育资源不能满足其特殊教育需求的儿童提供教育服务。为保证高成本特殊教育计划的有效实施,原住民与北方事务部同时资助实施个别化教育方案(IEP)用以评估特殊儿童的教育需求。通常情况下,由学校接受过专业训练的教师对特殊儿童做初步评估。如果认为有必要,教师会建议学生接受进一步的特殊教育专业服务,诸如语言治疗、物理治疗、游戏治疗、图画治疗等。IEP 为学生制定特殊的、可测评的短期和长期目标,教师、IEP 专业人员和家长一起,共同为原住民特殊儿童提供教育服务,帮助他们获得更好的成长。和省级教育系统中特殊教育服务保持一致,高成本特殊教育计划为学生提供直接服务和间接服务。直接服务是指直接满足学生需要的服务,如课堂干预和辅导等。直接服务活动必须占到年度高成本特殊教育计划资源的75%以上。而间接服务则是指一系列的支持项目和行动,通常是由村落社学校或者地方原住民机构来提供,具体活动包括:诊断和确定具有高成本特殊教育需求的学生、确定适用于每个学生的特殊教育方法和策略、根据每个学生的具体情况为学生设计个人教育计划、实施学生个人教育计划中的服务。直接服务和间接服务相结合,既保证了对学生进行正式评估和制订个人教育计划的需要,也能使第一民族学校更为快捷、灵活地对学生采取有效的干预策略,满足学生的不同教育需求。

二、原住民中学后教育行动计划

加拿大政府向省和地区政府提供重要的财政支持用以帮助他们为原住民教育提供持续的计划项目和服务。更具体地说,就是通过加拿大社会转移支付机制对中学后教育等政策领域进行支持。原住民与北方事务部作为具体负责原住民事务的联邦部门通过两个途径支持原住民中学后教育。一个途径是通过中学后伙伴计划支持中学后教育机构推动原住民中学后教育,另一个途径则是通过中学后学生支持计划和高校入学准备计划为学生提供资金支持,资助学生完成学业。

(一)中学后伙伴计划的内容和实施

1.计划的内容

为了让第一民族和因纽特学生能够更好地获得进入高级劳动力市场所需要的技能并能在未来的职业生涯中取得更大的成功,从而提升原住民自治能力,原住民与北方事务部实施中学后伙伴计划,为中学后教育机构提供资金,支持他们开发和提供适合原住民教育发展水平的大学和学院水平的课程。具体资助的计划活动包括:适合原住民教育发展水平的教学或课程的研究项目、现有的高校入学准备计划课程、将现有的课程转化为在线课程、个性化课程的开发、新的相关课程和计划项目的研究与开发等。

2.计划的实施

加拿大中学后教育机构、中学后教育机构的附属机构、与中学后教育机构开展正式合作且其授予的学位、文凭经省或地区政府认可的教育机构可以申请中学后伙伴计划。获得申请的机构必须围绕以下内容实施计划：聚焦劳动力市场需求；符合加拿大经济发展以及第一民族和因纽特社区发展的迫切需求，例如领导力发展；满足第一民族和因纽特民族学生教育需求；改革和创新教育方式，为偏远社区提供更加有效的教育；包含短期的且相当于本科教育水平的教育计划等。

（二）中学后学生支持计划和高校入学准备计划的内容和实施

中学后学生支持计划（PSSSP）和高校入学准备计划（UCEPP）于2015年4月1日开始实施，是原住民与北方事务部支持原住民中学后教育的两个重要途径。

1.计划目标

①**计划的远期目标**：中学后学生支持计划为第一民族和因纽特学生提供资助，帮助他们获得中学后教育和技能发展机会，提升他们的就业能力；高校入学准备计划为第一民族和因纽特学生提供资助，帮助他们通过参与计划达到进入高校学习所需的知识水平，为顺利完成学业作准备。

②**计划的近期目标**：中学后学生支持计划力图实现提高第一民族和因纽特学生的中学后教育的注册率和毕业率的目标；高校入学准备计划预计能够提高达到高校入学所需知识水平要求的第一民族和因纽特学生的数量。

2.计划的执行

中学后学生支持计划和高校入学准备计划的执行机构包括：第一民族和因纽特社区村落社委员会，或由这些村落社委员会指定的机构（部落委员会、教育机构、代表第一民族的政治/条约机构等）以及育空地区尚未取得中学后教育管理权的第一民族自治政府。原住民与北方事务部和这些机构签署资助协议并提供资金,由他们具体负责计划的执行,包括接受和评估学生申请、发放资助金以及后续管理等。没有签署相关协议的省或地区,由当地的原住民与北方事务部地方办公室直接负责计划的执行。同时,计划对学生申请的条件也做了明确规定:有意愿参加中学后教育阶段学习的条约/身份印第安学生和因纽特学生可以申请中学后学生支持计划和高校入学准备计划;在申请日期之前这些学生必须在加拿大境内连续居住12个月;但居住在自己的保留区外的因纽特学生不再具有申请的资格;申请人需要提供被合格的中学后教育机构[①]录取的证明。除此之外,申请UCEPP的学生还需要从提供计划项目的中学后教育机构获得相关证明材料,证明其在该机构学习必要的课程以达到高校入学所需的知识水平,并在成功完成UCEPP课程学习后具备被普通高校录取的资格。需要特别说明的是,那些之前接受过原住民与北方事务部其他中学后教育计划资助的学生不能再申请高校入学准备计划。

为保证计划的有效执行,计划还明确了执行方必须遵循的准则:(1)在预算范围内,根据学生最高支付限额的相关规定合理分配资助金,并为合格的申请学生提供资助并予以管理。①资助限额:对中学后学生支持计划和高校入学准备计划申请学生的资助最多不超过35 000加元/(人·年);但是对牙医学、医药学等专业性较强的专业或者硕士生、博士生的申请者,资助最高限额可提高到50 000加元/(人·年),这类资助需要申请者提出专门申请,并证明自己的相关专业成绩优异。对于资助金额超过35 000加元/(人·年)的资助,计划执行方必须事先提交原住民与北方事务部地方办公室予以审核,审核合格的资助方可执行。②资助金用途:学费和其他按规定需收取的费用、专业证书考试费、计划项目中用于学习的书籍及其他资料费、生

[①] 计划规定的合格的中学后教育机构必须是能够授予学位或毕业证书的机构,该机构必须得到省或者地区的承认(加拿大国内或国外)或者是与合格的中学后教育机构合作,并被认可提供中学后计划项目的教育机构。对于海外机构提供的项目,学生必须提供证明材料,表明该项目被加拿大承认为可资助的中学后项目。

活费、一年不超过两次往返学校与家庭的交通费、远程教学或在线学习的费用、个别指导及教育咨询服务费、奖学金以及学生管理费等。(2)制定和实施符合国家相关计划指南的地方性操作指南以指导计划的有效执行。(3)实施已公开的优先权评价准则。计划规定对下列学生予以优先资助:已经正在接受中学后学生支持计划和高校入学准备计划的学生、高中应届毕业生、由于资助金不足而延迟资助的合格申请学生、已经参加了中学后学生支持项目但未接受过资助的学生、勤工俭学学生等。(4)根据各地区具体情况,制定和实施在合格的申请学生人数超过资金可资助人数的情况下的延迟申请规则。(5)接受上诉。包括设立公正的上诉委员会,制定并公布上诉程序,公布上诉听证会和上诉结果处理的时间流程表以及对计划执行方是否遵守上诉委员会的决定的监督管理等。

三、原住民职业教育计划

为了让原住民学生在接受教育后更好地就业,拥有良好的职业开端,为未来经济社会生活作好准备,原住民与北方事务部开展了一系列职业教育计划,旨在帮助原住民克服就业障碍、提升就业技能。

(一)第一民族和因纽特青年就业战略计划的内容和实施

为了帮助第一民族和因纽特青年获得更多的工作经验和就业信息,获得更好的就业以及职业发展技能,原住民与北方事务部制定并实施了第一民族和因纽特青年就业战略计划,具体包括第一民族和因纽特青年技能链接项目以及第一民族和因纽特青年夏季工作经验项目。

1. 第一民族和因纽特青年技能链接项目

第一民族和因纽特青年技能链接项目旨在更好地发挥教育对劳动就业的促进作用,发展第一民族和因纽特青年就业所需的必要技能,帮助他们克服就业障碍,为毕业后顺利就业作准备。项目为第一民族和因纽特青年提供了一系列支持服务:①为没有在校就读的第一民族和因纽特青年参加实习和接受就业相关辅导提供补贴,帮助他们获得提升就业能力的机会;②重点支持参加信息和通信技术行业的相关培训;③支持第一民族和因纽特青年自主创业;④支持参加就业技能培训;⑤开展职业生涯规划和咨询服务;⑥鼓励第一民族和因纽特青年将科学技术作为教育和职业选择,支持他们参加诸如科学野营、电脑俱乐部活动等;⑦支持第一民族和因纽特青年发展将科技和原住民传统知识相结合的技能。

  第一民族和因纽特政府组织、第一民族学校、保留区的联邦学校、非营利组织以及私营机构雇主可以向原住民与北方事务部地方办公室申请技能链接项目。申请受理日期为每年3—4月。申请者需提供详细的项目方案,内容包括技能链接项目目标指向的活动设计、项目预算以及项目预期结果等。获得资助的政府机构、学校还需与非营利组织或私营机构雇主签订协议以获得他们的支持。获得资助的非营利组织和私营机构雇主向第一民族和因纽特学生提供计划指南中所规定的就业支持服务。技能链接项目主要对15~30岁居住在保留区的第一民族或因纽特青年提供服务。与此同时,那些具有加拿大居民身份、居住在努纳武特地区之外的因纽特青年,在提供无法再从努纳武特地区获得资助的证明材料的情况下也可以参与该项目。

2.第一民族和因纽特青年夏季工作经验项目

  夏季工作经验项目是原住民与北方事务部在第一民族和因纽特青年就业战略计划下实施的另一个项目。项目通过为第一民族和因纽特青年提供每年从5月1日起至该年秋季学期开学阶段的夏季工作机会,帮助他们获得工作经验,发展人际交往能力、问题解决能力、团队协作能力等重要的工作技能。

  第一民族和因纽特社区或政府组织、非营利组织、私营机构雇主可以向原住民与北方事务部申请夏季工作项目。申请者除提供包括夏季工作项目目标指向的活动设计、项目预算以及项目预期结果在内的详细的项目方案外,还需要承诺为15~30岁居住在保留区或其他社区的第一民族和因纽特中学生以及中学后教育阶段的学生提供不少于80小时的夏季工作机会。原住民与北方事务部为通过申请的组织或机构提供包括工资补助在内的资助,以便这些组织或机构雇用第一民族和因纽特青年,帮助他们获得工作经验并为今后进入劳动力市场作准备。同时,项目还鼓励第一民族和因纽特青年通过劳动获取工资,以减轻今后可能继续的高等教育阶段的经济压力。

(二)印第安人激励计划的内容和实施

为发展原住民教育、激励原住民取得更大的成就,促进加拿大社会发展,Indspire[①] 积极和原住民与北方事务部、省/地区教育部门以及其他致力于原住民教育发展的机构合作,实施印第安人激励计划(Indspire 计划),对中学后教育、职业教育以及取得突出成就的原住民予以资助。具体活动包括:①构建光明未来计划:为第一民族和因纽特学生提供奖助学金,支持他们完成中学后教育,其涵盖的专业领域主要包括教育、艺术、科学、商业、贸易等;②设立 Indspire 奖:表彰奖励取得突出成就的原住民,为年轻人树立榜样;③举办行业展会:每年在两个城市分别举办为期一天的行业展会,提升十至十二年级原住民学生对不同职业以及相关职业培训的认识;④职业教育课程开发:为第一民族和因纽特学生开发相关课程资源,帮助他们将未来可能经历熟练劳动力短缺的行业作为职业选择。

印第安人激励计划资金由原住民与北方事务部提供,Indspire 具体负责资金的使用和管理。为更加有效地管理资金,计划对每一项具体活动的资助对象予以明确规定:①构建光明未来计划为有意愿继续中学后教育和培训的第一民族和因纽特学生提供奖助学金。这些学生必须是注册/身份为印第安人或者是具有加拿大公民身份的因纽特人。同时,这些学生还必须在符合相关标准要求的全日制中学后学习项目中注册。为防止出现重复资助,有资格申请村落社或地区资助的学生只有在证明不能获得或不能全额获得资助的情形下方可向 Indspire 申请

---

① Indspire 是一个原住民慈善机构。该机构主要致力于对原住民的教育资助,以促进原住民个人、家庭、社区以及加拿大社会的长远发展。Indspire 一词为 Indian 和 inspire 的合成词。

奖助学金。②Indspire 奖：Indspire 与颁奖大会的承办机构签订合同，为他们提供经费，同时为作出突出贡献的获奖者提供奖金。③行业展会：Indspire 与行业展会的承办方签订合同并提供资金。④职业教育课程：与职业教育课程开发团队或机构签订协议并为其提供资金。

(三) 加拿大 2013 年经济行动计划

2013 年 3 月，加拿大财政部实施了加拿大 2013 年经济行动计划，开启了加拿大政府促进就业增长和长期繁荣的新阶段。计划提出在教育和技术培训方面加大对原住民的投入，包括推进针对第一民族四年总计 2.41 亿加元的保留区收入资助计划，以激发年轻一代的受助者为获取工作机会而参加必要的培训的意愿。2014 年 1 月，加拿大政府正式宣布在计划项目下投资支持全加范围内近 4 000 名 18~24 岁的第一民族青年进行技术培训，并将其列入保留区收入资助计划项目下首批实施的项目。计划为全加 70 个社区的第一民族青年提供支持，第一民族社区和村落社委员会为年轻人提供基本的生活技能培训、职业技能培训和就业咨询辅导等，使其能够通过获得必要的职业技能实现理想的就业，减少对政府资助的依赖。

四、加拿大原住民教育保障计划

加拿大联邦政府实施的各项促进原住民教育发展的计划和项目中几乎都包含关于计划或项目资金保障的内容，除此之外，联邦还制订了注册教育储蓄计划、加拿大教育储蓄补助项目、加拿大学习基金项目等一系列储蓄计划，帮助原住民家庭储蓄资金用于子女的中学后教育。

注册教育储蓄计划 (RESP)：该计划允许受益学生的父母/祖父母/亲属或朋友通过在加拿大政府注册后为学生的中学后教育进行储蓄，用于储蓄的收入可以免税，每个小孩最多可以储蓄 5 万加元。

加拿大教育储蓄补助项目 (CESG)：加拿大教育储蓄补助是加拿大政府为小孩注册教育储蓄计划账户额外拨付的补助

款,用于帮助其完成高中后的学业,每个小孩最高可以获得7200加元的补助。此联邦项目帮助父母、祖父母和外祖父母以及亲友为孩子的中学后教育进行储蓄,具体方式为在受益人(孩子)年满17岁时直接为其注册教育储蓄计划(RESP)项目下的储蓄额度中注入补助金。

加拿大学习基金项目(CLB):2004年加拿大通过了《加拿大教育储蓄法》,设立了加拿大学习基金项目。这一项目主要是鼓励低收入家庭加入注册教育储蓄计划。计划规定,在2004年1月1日以后出生的孩子,如果其家长符合领取"联邦儿童福利金"(National Child Benefit,NCB,俗称"牛奶金")的条件,只要家长为其子女开设RESP账户,政府就在第一年补助500加元,之后每年补助100加元,直到孩子15岁。也就是说,政府补助的CLB最多可达2 000加元。同CESG一样,CLB的收益也是免税的。

家长若要申请加拿大学习基金项目,必须符合以下所有条件:①孩子在2004年1月1日以后出生;②必须为加拿大居民;③拥有有效的社会保险号(SIN);④必须为RESP计划的受益人;⑤家长有资格领取"联邦儿童福利金",这通常意味着家庭的年净收入低于35 595加元(这一基准数字在每一年会有所不同)。

由上所述可见,加入加拿大教育保障计划的家庭能够以同样的储蓄额领取较大份额的教育储蓄奖学金,有效保证了低收入和中等收入家庭的子女不会因经济困难而失去受教育的机会。而在这些计划申请者中,原住民也占到了一定的比例。除了联邦之外,各省和地区政府也提供项目或补助帮助原住民为子女教育进行储蓄。

第五章　当代加拿大原住民教育政策的特征

从20世纪六七十年代多元文化主义在加拿大肇兴以来，多元文化主义一直是影响加拿大原住民教育的主流思想。虽然当今世界已有许多国家对多元文化主义提出了质疑和挑战，甚至直接承认多元文化主义在本国已经失败，但由于前文所列举的原因，加拿大的多元文化主义因为适应了其国情的需要，依然体现出了勃勃生机。在多元文化主义的框架之下，加拿大原住民教育在蓬勃发展的同时也逐步形成了具有自己鲜明特色的原住民教育政策体系及其实施体系。实际上，正是加拿大原住民教育政策的价值取向塑造了加拿大原住民教育政策及其实施的基本特征，并进而决定了加拿大原住民教育的发展趋势。

一、以国家认同为核心

以国家认同为核心的多元文化主义教育是当代加拿大原住民教育政策最为基本和首要的特征。

（一）以国家认同为实质

当代加拿大原住民教育政策显著的特征之一就是其深刻的多元文化主义烙印。从前文的评析可以清晰地发现，无论是关于原住民语言文化的保护、传承与发展，还是原住民教育自治，以及促进原住民教育的各项实施计划都充分地体现了多元文化主义的实质要求。可以说，正是由于多元文化主义在加拿大原住民教育及其与之紧密相关的社会经济生活的各领域、各方面的广泛而深入地贯彻实施，才使得加拿大原住民教育在全球成为多元文化主义教育的典范。

加拿大原住民教育不仅具有深刻的多元文化主义烙印，而且更为重视国家认同教育，注重培育原住民受教育者对加拿大共同家园的认同感和归属感。国家认同教育是多元文化主义教育的前提和基础，国家认同构成了多元文化主义教育的实质内核，没有国家认同，就不可能有多元文化主义教育和原住民教育自治。但是，国家认同的内涵在加拿大和其他西方国家之间是有所区别的。加拿大所追求的国家认同是全体加拿大人对加拿大作为一个国家实体的认同，而以欧洲为代表的其他西方国家所追求的国家认同是"民族国家"认同。加拿大的国家认同主张推进所有加拿大人对"加拿大——我们共同的家园"的认同。在这样一个国家认同的概念下，来自不同种族、民族，分属不同文化的加拿大人共同推进对加拿大的国家认同，都认可自己是加拿大社会平等的一员。各种族、各民族和多元的文化和谐共处，相互依存、相互促进，不存在某一种族、民族或文化吞并其他种族、民族或文化的问题。正如加拿大官方所宣称的那样，"加拿大只有官方语言，没有官方文化"。基于此种国家认同理念的社会整合是一种平等的相互包容式的整合。而其他西方国家所追求的"民族国家"认同却迥异于加拿大式的国家认同。"民族国家"认同所要实现的目标是以移民为主的少数族群对主体民族所建立的国家的认同，实际上是主体民族及其文化对移民民族及其文化的吞并。从根本上说，"民族国家"认同无异于改良版的民族同化。基于上述差异的原因，加拿大的多元文化主义政策在政策的社会背景、内涵、目标以及实施等方面与其他西方国家之间存在实质性的差异，也由此决定了多元文化主义政策在加拿大和其他西方国家的不同命运。另一方面，必须注意到的一个客观事实是加拿大多元文化主义政策的价值内核已经悄然发生了一些变化，培养具备加拿大国家认同观念的加拿大公民已经超越单纯的原住民保护成为更为重要的目标,一定程度上这一变化也恰好顺应了社会发展的需要。

(二)以多元文化主义理念为支撑

加拿大原住民教育的多元文化主义特征在当今全球多元文化主义出现衰退迹象的大背景下显得尤为明显。作为"战后"处理民族关系的一种世界性的思潮,多元文化主义曾经一度在西方国家盛极一时,并对世界各国的原住民和少数民族教育产生了重要而深刻的影响。在多元文化主义的框架之下,许多国家积极地开展了多种形式的多元文化主义教育实践。但是,自20世纪90年代以来,多元文化主义在一些西方国家开始进入退潮期,特别是在进入21世纪之后,多元文化主义在除了加拿大等少数国家之外的西方国家中出现了一幅急速衰退的图景。2008年欧洲委员会颁布了《跨文化对话白皮书:平等尊重友好相处》,强调尽管现在欧洲社会存在多元文化的现实,但是多元文化主义政策的实施损害了少数群体中的个人权利,并在相当程度上导致了不同族群和社会阶层间的矛盾和分离,认为多元文化主义已经不再适合当今欧洲的社会发展。[①] 荷兰和澳大利亚遭受挫败之后,英国、德国、法国等众多西方主流国家相继宣布放弃多元文化主义。多元文化主义在欧洲的失败有着深刻的社会政治文化原因。首先,欧洲国家近年来整体上出现了右倾思潮的影响;其次则是欧洲各国的政府和民众对多元文化主义政策对移民的整合效果的失望情绪在政治上的反映,根本上仍是因为多元文化主义没有能够在这些国家中实现其理论设计中为政府和大众所描绘的各民族和谐共处、共同发展和社会稳定等理想目标。经历数十年的多元文化主义实践之后,在大多数的西方国家中,民族问题不仅没有得到缓解,反而出现了恶化的趋势。有鉴于社会整合作用不佳的客观事实,多元文化主义备受质疑,失去了公众和政府支持的基础,其衰退也就成为自然且难以避

---

① 姜亚洲,黄志成.论多元文化主义的衰退及其教育意义[J].比较教育研究,2015,37(5):26-30.

免的事实。时任英国首相的卡梅伦在 2011 年德国慕尼黑召开的欧洲安全政策会议上对多元文化主义的批评比较充分地诠释了西方主流社会对多元文化主义态度的转变。卡梅伦认为多元文化主义在相当程度上导致了主流社会"集体身份"的弱化,客观上滋长了伊斯兰恐怖势力。多元文化主义不但没有像政治家们所预想的那样促进各族群间的相互理解和融合,反而打破了英国社会原本的核心价值体系,加剧了社会动荡。[1] 近年来,英国、法国、德国、瑞典和西班牙等国频繁发生的极端暴恐事件进一步加重了西方主流社会民众对多元文化主义的质疑和拒斥心理,多元文化主义在这些国家衰退的趋势一时难以遏制。

除却前文所述的社会现实的挑战,自由主义在西方国家的重新兴起对多元文化主义的理论基础构成了严峻的挑战。首先,多元文化主义过于注重少数群体与主流群体之间的文化、知识及生活方式的差异,容易滋生"我族中心主义"。其次,多元文化主义一定程度上忽略了族群文化因交流而逐渐发生的变迁,客观上人为强调了不同群体间的界限,导致了社会分化和族群分离。一些学者认为,片面强调族群意识以及"差异"欣赏、对集体权利(群体权利)的过度保护,也使得多元文化主义在处理个体和群体权利的关系时存在明显的失衡,也成为其饱受诟病的一个重要原因。

然而,通过与欧洲各国的比较不难发现,在多元文化主义全球性衰退的大趋势下,加拿大的多元文化主义政策与实践依然保持了勃勃生机,成为当今世界为数不多的虽遭受质疑但仍秉持多元文化主义并取得积极成果的国家。究其原因,本书认为首先是多元文化主义政策的执行效果总体上达到了加拿大政府和社会对其预设的目标。除此之外,加拿大多元文化主义政策的历史背景、政策内涵、实施方式和加拿大的现实国情与欧洲各国之间存在的差异实质上构成了多元文化主义在加拿大和欧洲各国不同命运的深层次原因。

首先,加拿大多元文化主义政策是其社会整合的客观需要。

---

[1] 盖瑞斯·詹金斯.文化与多元文化主义[J].陈后亮,译.国外理论动态,2012(6):55.

由殖民移民构成的加拿大主流社会本身具有多元性，尤其是其核心框架（英裔和法裔移民社会）的二元结构为多元文化主义的推行提出了客观要求。从加拿大多元文化主义政策的起因即可清晰地看出，加拿大多元文化主义政策是在其主流社会存在撕裂的现实危险的情况下出台的社会整合政策，其最主要目的是调和主流社会中英、法两大族群的族裔矛盾和文化冲突，实现主流社会内部的社会整合，原住民多元文化主义政策可以说在开始时只是其衍生品，只是在后来随着社会环境的发展变化，政府、各原住民群体和移民群体的积极推动，多元文化主义政策越来越多地被运用于原住民和移民事务。毋庸置疑，多元文化主义及政策不仅是原住民和移民群体的需要，更是加拿大主流社会维护以英、法两大族裔为核心的主流文化和社会结构的需要。从"双元"到"多元"的自然演进，是加拿大多元文化主义及政策发展的独特路径。在这一演进过程中，多元文化主义政策对社会生活影响的广度和深度不断加大，以英、法为核心的多元文化社会结构得到了进一步的巩固，族群和文化实现了多元和谐共处和共同发展，多元文化主义也因此成了加拿大最为重要的政策取向之一。

其次，加拿大不存在欧洲各国普遍面临的伊斯兰问题和与之相关的恐怖主义问题带来的挑战。伊斯兰问题和与之相关的恐怖主义问题是欧洲各国近年来一直挥之不去的梦魇，也是导致多元文化主义在欧洲各国遭遇挫败的关键因素。一方面是由于地缘的便利，大量的穆斯林移民涌入欧洲，加上穆斯林人口较高的生育率，英、法、德等欧洲国家普遍存在本国人口持续减少和穆斯林人口持续快速增长的问题，并引发了主流社会对欧洲"伊斯兰化"的普遍担忧；另一方面，近年来在欧洲各国频发的恐怖袭击事件几乎都是由伊斯兰极端组织策划实施的，令人发指的恐怖事件使得欧洲主流社会对整个伊斯兰教和穆斯林群体的态度从包容转向怀疑、指责与排斥，且这些针对穆斯林的恐怖主义指责日益呈现泛化的趋势。前述两方面因素的叠加，不仅导致了欧洲社会"伊斯兰恐惧症"的快速滋长蔓延，族群和文化冲突愈演愈烈,也从根本上摧毁了欧洲各国民众对多元文化主义政策的信心和支持的基础。然而,与欧洲国家的情况不同,加拿大人口中穆斯林占比相对较低,根据加拿大 2011 年家庭调查的数据,加拿大全国穆斯林人口为 1 053 945 人,仅占总人口的约 3.2%,[1]远低于前述欧洲各国的水平,加之加拿大穆斯林群体与主流社会的融合度较高,在加拿大没有出现"伊斯兰化"的普遍忧虑;虽然近年来在加拿大也发生过一些穆斯林移民实施的恐怖活动,但其数量和危害程度都远低于欧洲,民众对伊斯兰教和穆斯林群体的恐惧和排斥心理相应较低。由于加拿大现实国情中不存在欧洲国家面临的问题和挑战,客观上为也为多元文化主义政策的推行提供了较为宽松的社会环境和民众支持的基础。

最后,加拿大多元文化主义政策与原住民群体的现状具有较高的契合性。受"全球化"和原住民"城市化"进程不断发展和深入的影响,在加拿大这样一个文化和民族多元的国家里,原住民与非原住民的相互交流不断拓宽加深,各族群之间相互融合的趋势明显,原住民的血统成分也在日益复杂化,随着各原住民族之间及原住民与非原住民之间通婚日渐增多,原住民的生活方式和文化传统也在潜移默化中不断地发生改变。这一现象也可以从侧面得到佐证,最近几次的加拿大人口普查中原住民人口的快速增长并不只是人口自然增长的结果,更多的是受到具有多重血统的申报人自主选择改变原来的身份信息,登记为原住民的影响。原住民群体在人口结构和文化传统上的变化不仅是前期多元文化主义政策推行的成果,也为持续深入地推广多元文化主义政策奠定了更为坚实的基础。同时,加拿大原住民人口总量少,在全国人口结构中的占比较低,原住民保留区分散且规模较小,原住民各民族在文化、信仰和利益诉求上也存在一定差异,使得原住民对主流社会并未构成威胁,原住民多年来

---

[1] Statistics Canada. 2011 National Household Survey: Data tables [R]. https://www12.statcan.gc.ca,2017-04-20.

一直保持着在加拿大政治和法律的框架内争取自己的权利,并得到了加拿大联邦政府积极的回应和比较理想的预期成果,都为多元文化主义的推行提供了宽松的政策环境。而加拿大原住民对自治权的诉求也促使政府不断反思其既往原住民政策,在处理原住民问题上引入多元文化主义政策,并给予法律保障,以期实现社会的和谐稳定。

通过对多元文化主义在欧洲和加拿大不同际遇的比较及原因分析不难发现,多元文化主义在用于民族关系的调整和社会整合时并不是可以放之四海而皆准的圭臬。由于加拿大与欧洲国家的国情不同,政府赋予多元文化主义的目标任务也存在差异,因而实施的效果也大相径庭。多元文化主义教育及其政策是实现多元文化主义政治目标的重要途径和手段,在欧洲主要国家多元文化主义渐次衰退的国际背景下,加拿大原住民教育政策的多元文化主义特色也因此而得到了进一步的凸显。

二、平行主义与融合主义并存的双重路径

虽然以国家认同为实质的原住民多元文化主义教育政策已经实施多年,但时至今日,加拿大国内关于原住民多元文化主义教育政策具体的趋向和路径问题在理论上仍然存在分歧。总体上可以划分为平行主义和融合主义两大阵营。尽管两大阵营存在不同的主张,但无论是平行主义还是融合主义,都同时处于多元文化主义的框架之下,在当今加拿大原住民教育政策中得到了较为充分的体现。当前有关促进原住民教育的政策计划均可纳入这两大阵营,加拿大原住民教育政策及其实施因而也呈现平行主义与融合主义并行的特征,并从另一个侧面对原住民教育的多元文化主义特色进行了诠释。

(一)平行主义及其对原住民教育政策的影响

平行主义是当前对加拿大原住民及原住民教育政策影响最为广泛的理论派别。艾伦·凯恩斯(Alan Cairns)在2000年首次提出了平行主义的概念,但平行主义的思想根源和教育实践

则远在此之前就已经存在。凯恩斯将平行主义描述为原住民与非原住民社区并肩前行，共存但互不干涉。① 在当今大多数平行主义者看来，原住民与非原住民的关系就像是两条相互平行且永不相交的粉色贝壳链，一如在同一条河流上并行的两条船。两条贝壳链分别代表着原住民和非原住民的"法律、传统、习惯、语言和精神信仰"，也就是各自的文化。原住民与非原住民关系的"贝壳链比喻"在许多有关原住民政策的讨论中占据了主导地位。"贝壳链比喻"也是贯穿 M.J.坎农（M.J.Cannon）和 L.尚赛瑞（L.Sunseri）所著的《加拿大种族主义、殖民主义和原住民》一书的主旨。② 在该书的序言中，两位作者将"两行贝壳链"视作一个条约文本，认为它显示出原住民是主权民族，拥有造物主赋予的天赋权利，而种族主义则被界定为是对贝壳链关系模式设定的古老法则的侵犯。

在意识形态上，平行主义为拥护"身份与权利运动"意识形态的社会运动提供了合理性支撑。平行主义认为，融合和同化进程是剥夺原住民的国家地位和主权认同的过程，在这一过程中原住民逐步丧失了政治独立性。政治独立性的丧失被平行主义者认为是阻碍原住民掌控自己生活的根源，并导致了原住民的贫困、教育水平及社会政治、经济地位低下等一系列问题，更为严重的是政治独立性的丧失导致了对原住民文化的破坏；融合和同化的进程同时也是原住民群体由于共同经历被压迫和被排斥的历史而被主流社会整合，形成新的身份认同的过程。但这种新的身份认同与原住民群体原有的身份认同不是包含共存的关系，而是对原有身份认同的替代与排斥，并由此导致了少数群体原有身份认同的丧失。原住民身份认同和文化的丧失进而引发了其群体在社会中的整体边缘化。由于原住民文化是原住民与其祖先连接的纽带，因而保持传统对原住民具有重要意义。在平行主义者看来，原住民语言的丧失和对原住民精神信仰的

---

① Widdowson, F. & Howard, A. Approaches to Aboriginal Education in Canada: Searching for Solutions[M].Brush Education Inc., 2013: XIV.

② Widdowson, F. & Howard, A. Approaches to Aboriginal Education in Canada: Searching for Solutions[M].Brush Education Inc., 2013: XV.

侵蚀无异于种族灭绝。这些文化特性被认为是与原住民身份密不可分的,原住民的福祉也与它们在一个独立的教育体系中的复兴紧密相连,因而有必要单独构建专门的原住民教育体系。

在文化和认识论上,平行主义者秉持相对主义的观点。其相对主义特征在有关原住民认识论的争论中得到了最为充分的体现。平行主义者主张在加拿大实际存在两套平行的知识系统,即原住民的知识系统和加拿大白人的知识系统;在原住民的知识系统内部又可以细分出若干子系统。每一个加拿大原住民群体都拥有自己的认识论,这种认识论源自其民族独特的经历以及这些经历与精神世界的相互作用。因此,平行主义者反对融合主义所持的关于进步的普适理念,主张原住民应当享有使其区别于其余加拿大社会的自决权和自治权。就原住民教育而言,平行主义者强调在一个与非原住民教育相互分离的领域里实施原住民教育,其教育内容、教育实践以及教育机构的组织均应有别于非原住民教育,这也构成了加拿大原住民教育自治政策的重要思想基础。平行主义思想在大量的加拿大教育论著中都有所体现,也代表了加拿大原住民教育领域中的权威期刊——《加拿大原住民教育》的主流观点。而这些支持和主张平行主义的学术观点和学术活动为加拿大原住民教育自治政策的制定、推广和实施在理论上和实践上提供了有力的支撑。平行主义者将加拿大教育体系打上"欧洲中心主义"的标签并暗示现代的教育方式只适用于欧裔加拿大人即可见一斑。实际上,平行主义者正是利用这一标签挑战人们关于存在一种普适教育标准的认知,并进而支持构建有别于非原住民教育的原住民教育体系和实施原住民教育自治的主张。

(二)融合主义及其对原住民教育政策的影响

尽管平行主义在关于原住民和原住民教育政策的各派观点中占据主导的地位,仍然有许多学者和教育家对其提出批判,主张在原住民与非原住民之间推进和实现文化融合,因而这一派观点被归纳为融合主义。融合主义反对平行主义将原住民的文化特殊性凌驾于人类社会共同价值和知识之上的观点,也反对平行主义在文化和认识论上的相对主义。

　　融合主义者将其观点描绘成一股股各具独特性的纱线,它们相互交织并成为一股更加粗壮的绳索。融合主义者认为,所有人都可以为促进人类对宇宙的共同理解作出自己的贡献。融合主义的原住民教育观点迥异于平行主义,认为原住民教育的成功只能通过原住民成功地参与到具有科学性的公共教育体系中才能得以实现。教育成就取决于包括原住民学生在内的所有学生是否都能在诸如批判性思维、清晰表达以及理解数的关系等方面能够达到通行标准。基于前述的基本认识,融合主义对通过鼓励自治的、体现文化差异性的原住民教育系统即可实现原住民和非原住民关系改善的思想进行了评判。融合主义者认为平行主义的观点并无异于美国曾出现的反对黑人进行融入的"分离但平等"的逻辑。融合主义者奉行的是普遍主义思想,而不是相对主义,在他们关于发展和知识获取的假设中,教育进步一直是一个贯穿人类历史的连续统一体。融合主义者坚称,所有人都能够享受到人类教育进步的成果。他们认为要实现这一目标的关键是提升全民的教育成就,包括原住民在普通教育系统中的成就。

　　自由主义的融合主义是融合主义的重要分支,主张将个人自由而非群体身份认同视为改善人们生活的重要原动力,所有作为个体存在的人都具有运用理性进行选择和决定的能力,并对一切将个人的地位和现实状况与其遗传的身份和文化因素相联系的企图,或者利用过度的政府管理及号召团结一致的方式对个人自由进行限制的做法提出了质疑,主张通过消除诸如歧视性的法律、种族主义态度和传统等阻挠个人自主选择生活方式的障碍来发展个人自由。

　　就加拿大原住民问题而言,1969年加拿大自由政府的印第安政策"白皮书"体现了这一观点。汤姆·弗拉纳根(Tom Flanagen)也清晰地表达了他的自由主义假设。弗拉纳根从经典自由主义的立场出发,主张最小化政府干预和实现法律上的平等,坚决反对绝大多数的政府干预措施,因为正是这些干预阻碍了个人的自由和成功;反对政府以种族、性别等一些不变特质为基础赋予人们不同法律权利的政策,因为这些政策阻碍了作为个体的人们之间进行自由联合。弗拉纳根对村落社委员会控制原住民社区表示失望，认为村落社委员会对原住民社区的控制既威胁到个人的自由又阻碍了经济效率的提升，因而他积极主张将财政资金直接转移支付给原住民，以此限制政府的干预。①

在弗拉纳根之后，一些自由主义者对关于最小化政府干预和法律平等的经典自由主义主张进行了修正和发展。艾伦·凯恩斯(Alan Cairns)提出了对自由主义立场进行全面修正的观点。他认为仅仅保障政治和法律权利上的平等仍不足以使原住民在现今的加拿大政治体系中得到认同，原住民还需要在文化上获得加拿大的国家认同。不同于平行主义，融合主义中原住民文化不是以其自身为目的而得到发展和促进的，发展和促进原住民文化的目的在于促使原住民接受加拿大公民身份，实现融合的目的。凯恩斯反对弗拉纳根的"普遍一致"的公民身份的主张，认为其并没有承认原住民对自治、认同和尊严的诉求。②

自由主义的观点聚焦于消除阻碍原住民获得与其他加拿大人一样的教育参与机会和教育水平的各种障碍。他们认为，原住民参与加拿大社会生活只能通过市场力量的顺畅运行来得以实现，而市场力量的无障碍运行需要通过教育体制来予以最大程度的促进。那些专门适用于原住民教育的官僚结构和法律优待(优先权)应该被取消，因为它们阻碍了个人的选择，扼杀了创新，弱化了原住民与其他加拿大人竞争和对自己生活负责的意愿。正如弗拉纳根所言，"大多数的原住民倡议者(谋利者)将'做得更好'定义为从压迫者那里成功得到某种东西，而不是通过自己的努力"，包括"获得土地和自然资源，更多的财政预算拨款，以及为寄宿制学校制度的恶果支付更多的财政补偿。"但弗拉纳根认为，"这些都不可能为原住民带来独立和繁荣"。③

---

① Flanagen, T. First Nations? Second Thoughts[M]. Montreal: McGill-Queen's University Press, 2000:8-9,154.

② Cairns, A. & Flanagan, T. An Exchange of Aboriginal Policy[J]. Inroads, 2007(21):150-159.

③ Flanagen, T. First Nations? Second Thoughts[M]. Montreal: McGill-Queen's University Press, 2000:195.

当文化被引入自由主义加以考量时,人们关注的焦点在于文化在多大程度上对个体融入更为广泛的社会起到了帮助或者阻碍作用。早期持"文化缺陷"观点的学者认为,原住民文化中的某些特性不利于其在教育上取得成功。诸如此类的观点在20世纪60年代教育人类学中极为盛行。这些教育人类学者认为某些文化信仰和实践使得被边缘化的少数民族更加容易失败。但自由主义思想在原住民教育研究和实践上取得的最新成果修正了传统文化特性是原住民教育成功的阻碍因素的观点,原住民文化被认为在某些情形下起到了积极的帮助。例如,"文化间断理论"认为,正是因为原住民文化没有在教育制度中得到承认导致了融合的进程迟缓,并使得原住民学生和非原住民学生之间的差距一直难以弥合。根据这一观点,原住民文化需要被纳入到教育体制之中以帮助学生实现异文化的融入。还有一些自由主义的观点认为,个人的自由可以通过文化支持得到强化,而个人自由是通过原住民政治团体的复兴得以实现的。需要特别指出的是,更高的原住民教育水平可以减小就业和收入差距,保护和传承原住民文化可以提升入学和毕业率。为促进原住民更好地融入加拿大教育体系,新的法律政策也纷纷出台,以强化原住民在教育政策发展过程中的参与,保障加拿大的教育体系能够提供适当的选择和对原住民的关切给予积极的响应。

(三) 平行主义与融合主义的交融

平行主义与融合主义并不是截然对立的。从近期的理论发展可以看出,一些关于原住民教育的自由主义思想主张在加拿大教育体系中一定程度实现了原住民文化复兴和政治自治。如此一来,这些方法就和平行主义具有了一些共同的特征,呈现相互交融的特点。自由主义在强调普遍共同的目标和参与加拿大社会生活的必要性的同时也主张增加原住民的自治权。自由主义强调原住民身份对于原住民自觉的重要性,而自由主义只关注身份使个人自由得以充分发展的程度。保护原住民文化也不是最终目的,而仅仅是提升原住民参与加拿大教育体系和更为广泛的社会生活的途径。无论选用何种方式对教育的方式进行分类,争议的焦点一直是清楚的。关键的争论在于原住民传统在教育体系中的作用,以及原住民自治可以带来多大程度的益处。主流社会的知识和教育实践果真比原住民传统中蕴含的知识和实践更加先进吗?全部的原住民传统均可用于改善原住民的境况,还是仅有部分传统?这些传统只是被用作融合的工具,抑或这些传统的保护是为了其自身的权利?原住民传统可以增进主流社会的教育呢,还是可能破坏现代科学的和人文主义的原则?

尽管平行主义和融合主义常常存在鲜明的矛盾和冲突,但不是所有关于原住民教育的争论都可以泾渭分明地在两者中进行归类。平行主义和融合主义在一定的时空范围内共存。平行主义并非全盘否定欧洲式教育对原住民教育的影响,而融合主义也认同加拿大原住民教育体系内一定程度的原住民自治的必要性。可以说,平行主义和融合主义共同构成了诸多理想的模式,不同程度的差异得以在这些模式中共存。在平行主义者强调原住民教育和非原住民教育的差异的同时,加拿大也出现了倡导融合两条路径的趋势,主张通过积极介入原住民教育可以促进原住民参与到非原住民教育中。另一种观点则认为,将原住民文化特征融入加拿大教育体系既能够帮助原住民在主流社会获得成功又有利于完善加拿大教育体系。[1] 这些观点最终转化为在加大资金投入和建立单独的原住民教育体系的同时积极推进主流教育向多元文化主义教育转型的行动。

三、原住民教育自治权利赋予与能力培育并重

赋予原住民教育自治的权利和培育原住民教育管理的能力并重是多元文化主义框架下加拿大原住民教育政策在实施层面体现的又一个重要特征。

(一)赋予原住民控制原住民教育的自治权

自1972年加拿大全国印第安人兄弟会(第一民族大会的前

---

[1] Widdowson, F. & Howard, A. Approaches to Aboriginal Education in Canada: Searching for Solutions[M]. Brush Education Inc., 2013: XIX-XXIII.

身)提出印第安人控制印第安教育的主张以来,加拿大原住民与加拿大政府在原住民控制原住民教育的问题上逐渐形成了一个良性互动的格局。加拿大原住民通过不懈的努力,积极争取原住民教育自治,加拿大政府对原住民的这一权利主张也给予了积极回应,积极赋予原住民对教育的自治权。时任加拿大印第安事务与北方发展部部长的让·克雷蒂安(Jean Chrétien)1973年对印第安人兄弟会提出的这项政策要求给予了肯定。随后,印第安事务与北方发展部启动了将保留区内的中小学教育管理权向第一民族进行转移的进程。随着加拿大联邦和各省级政府对原住民教育自治必要性的认识不断提升,通过立法、签订多边协议等方式,加拿大原住民逐步获得了管理自己教育的自治权。原住民教育自治权授权的范围原则上限于保留区内的中小学校的管辖权,授权的对象为具体的村落社或其联合体,而不是泛指的原住民或某一原住民民族。在过去的数十年里,原住民教育自治权的外延和内涵呈现逐步拓宽的趋势,负责原住民教育的原住民与北方事务部尽管在宪法和法律上仍然负有管辖原住民教育的责任,但事实上该部已经主动大幅减少了自己的职权,其主要职能职责已经基本只限于为原住民教育提供资金支持。到2010年,全加范围内由村落社运行管理的学校或者第一民族学校已经达到了518所,而由原住民与北方事务部直接管理的学校数量则已经屈指可数。[1] 通过法律途径赋予原住民教育自治权,建立原住民运行管理的学校一直是此一时期加拿大原住民教育突出的特征和最为显著的成果。

随着原住民教育自治的逐步展开,原住民教育自治能力不足,不能适应原住民教育自治的需要的问题逐渐显露。一方面,由于长期的隔离同化教育割裂了原住民自我认同与群体发展的历史脉络,在获得教育管理权之后,原住民在相当长的时期内显得无所适从,原住民传统文化及知识结构并没能得到充分的考量。另一方面,部分原住民教育管理者对教育自治理解过于狭隘,在教育发展中不注重与非原住民群体的合作与共享。原住

---

[1] Simeone, T. First Nations Education[R].https://lop.parl.ca, 2017-08-21.

民教育自治中暴露出的缺乏系统组织能力和专业能力的问题比较突出。总体上看,原住民所拥有的教育自治权利与其实施教育自治的能力并不匹配,呈现一种失衡的状态。尽管对学校的日常管理权已经移交给了第一民族,但这些学校并没有相应建立起与省/地区教育体系类似的综合教育体系。前原住民与北方事务部高级官员麦克·门德尔森就曾指出,绝大多数的保留区学校都是由对一至两所学校具有管辖权的单个第一民族在进行管理,这是一种老旧、过时的学校组织形式。由于缺少有效的教育体系的支撑,原住民教育自治的实际效果并不理想,原住民学生的教育成就普遍较低。加拿大审计长在2004年曾预计,按照当时的发展速度,需要28年的时间才能使保留区原住民教育水平达到加拿大全部人口的平均教育水平。2011年加拿大全国家庭调查显示,25~64岁的原住民中,拥有中学后学历的仅占48.4%,而非原住民的这一比例为64.7%。① 加拿大联邦统计局关于保留区内原住民学生的学业成就明显低于在保留区外省属学校就读的原住民学生的水平统计分析和审计长的预测印证了这种权利与能力失衡的客观存在。为了切实有效地提升保留区原住民中小学教育的质量,提高原住民学生的教育成就,加拿大政府对原住民教育自治的内容进行了丰富,更多地倾向于在赋予自治权的同时把教育管理能力的培养和提升作为教育自治的重点。

(二)积极推进能力与权利相匹配的教育自治改革

显然,加拿大原住民教育自治的现状与1972年全国印第安人兄弟会在提出该自治主张时的预期以及政府力图达成的愿景之间都存在较大的差距,对原住民教育自治进行必要的改革势在必行。

教育自治改革的宗旨和目标在于帮助原住民构建和提升领导、组织和发展其教育的核心能力,其关键则在于通过建立拥有

---

① Statistics Canada. National Household Survey, 2011. The educational attainment of Aboriginal peoples in Canada[R].https://www.aadnc-aandc.gc.ca, 2016-09-15.

财政资金支配权的第一民族教育管理机构来实现学校管理的专业化。门德尔森指出,这一发展就如同数十年前省属学校进行的类似改革:除了充足的资金,同样必不可少的是支持和维持良好的教育体系所需的基础设施——从课程开发到资金、设施的规划。各省中缺乏有效组织形式且规模较小的偏远地区学校通过建立"偏远地区学校联合校董会"进行了改革,同时各省教育厅的立法权和教育管理能力得到了大幅增强。[1]

2008年12月,为了提高第一民族儿童的教育成就,原住民与北方事务部启动了第一民族教育改革计划,在其下设立了两个子计划,分别旨在提高第一民族学生读写和计算能力以及促进第一民族与省属学校之间的教育合作伙伴关系。在此计划之下,联邦政府会同第一民族大会(AFN)在2010年宣布建立全国专家组来提供包括立法在内的咨询意见,为提升第一民族的教育成就提供帮助。专家组的建立遵循了第一民族大会当年提出的对第一民族教育采取行动的呼吁,强调从根本上构建教育新路径的必要,其中也包含了法定的资金安排保障和建立第一民族教育体系的内容。一方面,加拿大政府通过各种教育计划和项目积极促进原住民群体与各省政府、地方政府以及联邦政府合作,力求共同发展;另一方面,通过保障所有原住民学生的受教育权,加大教育投入,提升师资水平,努力提高原住民学生的学业成就,缩小与非原住民在教育、就业等方面的差距,大力促进原住民教育发展内生动力与教育管理权利相匹配。从前述研究我们不难看出,加拿大社会一直致力于对处于弱势地位的原住民群体采取补偿措施。在消除外部障碍、保障教育机会均等的同时,对原住民群体的发展采取特殊帮扶措施,通过一系列教育行动计划,帮助原住民提升教师、教育管理者、父母以及社区的教育经验,提升学生学业成就,增强教育管理者的管理能力。正是加拿大社会为原住民群体提供"差别对待"的均等机会,才使原住民群体能够在更大的空间内获得自我发展。

---

[1] Statistics Canada. National Household Survey, 2011. The Educational Attainment of Aboriginal Peoples in Canada[R]. https://www.aadnc-aandc.gc.ca, 2016-09-15.

加拿大政府在实施补偿机制的同时,注意到过度补偿可能催生原住民对政府的过度依赖。为防止原住民因产生心理上的无能而丧失个人及族群发展潜能,加拿大政府强调了构建原住民权利与能力相匹配的发展模式对原住民群体可持续发展的重要意义。在针对原住民教育管理能力发展的一系列行动计划中,提升原住民师资水平,提供高质量的教师教育被放在了优先发展的战略地位,具体内容包括:帮助新入职教师切实了解原住民学生学习及生活现状,理解他们的现实需求以及未来可能面临的机遇和挑战;持续更新信息并为教师的职后培训提供支持,促进教师专业发展;同时,其他教学辅助人员以及管理人员的培养培训也被列入计划的考虑范围。

　　当代加拿大原住民教育政策一个重要而具有深刻意义的举措即是将促进原住民的能力发展与教育管理权利的赋予有机结合。加拿大原住民教育政策及其实施计划都充分体现了"能力本位"这一发展取向。[①] 注重提升原住民师资水平,培养原住民教育管理者学校发展规划、校本课程开发等方面的能力,使原住民真正有能力担负起自主发展本民族教育的能力。只有随着原住民自身能力的不断构建和发展,来自政府的补偿措施才能被更加有效地利用并对原住民教育发展发挥更大的促进作用,也只有不断推进能力与权利相匹配的教育发展模式才能使加拿大原住民教育走上持续、快速、健康的发展道路。

---

① 滕志妍,李东材.从赋权自治到能力构建:加拿大原住民教育政策的新路向[J].外国教育研究,2011(4):37-41.

第六章　当代加拿大原住民教育政策的价值取向

20世纪70年代以来,加拿大原住民要求教育自治的呼声进一步高涨。面对历史上长期遭受剥夺和压迫的原住民窘迫的生存状况以及魁北克分裂势力的隐患,加拿大政府不断调整并全面实施了多元文化主义政策。在原住民教育领域,多元文化主义框架下的原住民自治教育在联邦政府、省政府以及原住民社区的共同努力下也取得了积极成效。本研究认为,当代加拿大原住民教育政策的基本价值取向包括:崇尚正义与公平、包容差异、维护多样性、寻求可持续发展。

一、崇尚正义与公平

亚里士多德认为,广义的正义是一种政治上的、普遍的正义,以社会全体成员的公共利益为出发点和归宿,如"政治学上的大善就是'正义'"[①]。狭义的正义分为分配的正义和纠正的正义,主要是指对政治职务、财富的分配和对私人利益纠纷的调整。自由主义思想家罗尔斯继承并发展了这一观点,他认为人们不同的生活前景受到政治体制和一般的经济、社会条件的限制和影响,也受到人们出生伊始所具有的不平等的社会地位和

---

① 亚里士多德.政治学[M].吴寿彭,译.北京:商务印书馆,1981:148.

自然禀赋的深刻而持久的影响。正义原则就是要通过调节社会的基本结构,即用来分配公民的基本权利和义务、划分由社会合作产生的利益和负担的主要制度,尽量排除这些不平等因素对人们生活前景的影响。[①] 而这种公正的利益分配和社会合作的承担正是促进社会团结和国家认同的有效方式,是多元文化主义教育政策的核心价值之一。

(一)对历史错误的承认与补偿

历史上加拿大原住民长期被隔离居住在西北部偏远地区,英法殖民政府妄图用"欧洲文明"教化原住民,对其实施同化政策。原住民的身份和传统文化长期处于被"漠视"的境地,由此,他们对文化和自身生活方式的失控也导致了原住民族群身份认同的危机。[②] 多元文化主义政策正是加拿大政府承认同化政策的历史错误,为改善原住民的社会生活状况、促进原住民社会发展而采取的补偿措施。而教育,无论对个体还是民族而言,都是其生存和发展的关键。因此,在多元文化主义的框架下实施"印第安人管理印第安教育"的原住民教育自治政策就成为加拿大联邦政府弥补同化政策特别是原印第安人寄宿制学校体制对原住民造成的不公正待遇和严重伤害的重要措施。

作为对历史错误的承认和补偿,联邦政府承认了自治是原住民的固有权利。而事实上,在自治的实现过程中,文化群体成员身份的认同至关重要。文化塑造了特定群体成员的价值、信仰和道德规范,并以自治为依托获得发展;而自治也正是以特定的文化为载体使自己有别于别的群体。因此,对少数民族既要尊重其文化结构,又要尊重其独特的语言、教育方式以及政治权利。[③] 具体而言,就要求在社会公共领域人人平等的同时,在特定领域"在普遍个人权利的制度之内对某些群体所处的不利

---

① 约翰·罗尔斯.正义论[M].何怀宏,何包钢,廖申白,译.北京:中国社会科学出版社,1988:5.
② 耿焰.少数人差别权利研究——以加拿大为视角[M].北京:人民出版社,2011:107.
③ 威尔·金里卡.自由主义、社群与文化[M].应奇,葛水林,译.上海:上海译文出版社,2005:269.

地位和脆弱性进行补偿",①这也正是罗尔斯作为公平的正义理论中对"最少受惠者"的偏爱。

(二)促进社会公平

人们受教育程度的高低直接影响其社会经济地位和政治地位;而一个国家的教育发展水平又直接影响其国际竞争力和国际形象。由于历史上长期受同化政策的影响,加拿大原住民的教育成就远低于非原住民,教育水平、社会经济地位和政治地位普遍较低。与此同时,原住民人口增长速度常年居高不下,远高于加拿大人口平均增长速度,原住民成为加拿大社会劳动力资源的有力补充。因此,为原住民提供平等参与受教育的机会、帮助他们提升教育成就,为未来的社会经济生活作好准备,就不仅是正义与公平价值的内在要求,更具有促进社会经济平等的现实意义。

当代加拿大原住民教育政策就是通过赋予原住民教育自治的权利,使他们能够平等享有受教育的权利,完全参与社会政治和经济生活。教育公平是社会正义与公平的重要内容和体现,包括平等地享受教育权利、平等地享有公共教育资源、受到平等的教育对待以及具有同等的取得学业成就和就业前景的机会。②加拿大原住民教育政策正是从教育起点、教育过程和教育的最终目标几个维度契合了正义与公平这一价值内涵。第一,加拿大宪法以及多元文化主义法等法律纠正了同化政策特别是寄宿制学校时期剥夺原住民教育权利的不公正做法,明确了所有加拿大公民享有平等受到法律保护、平等参与包括受教育在内的社会生活等民主权利;联邦与原住民签订的条约和协议中对原住民儿童入学就读义务的规定,充分保障了原住民与其他加拿大公民一样,具有进入教育系统学习的均等机会;第二,通过教育经验分享行动计划、教育合作计划、教育新路径计划等的实

---

① 威尔·金里卡.少数的权利——民族主义、多元文化主义和公民[M].邓红风,译.上海:上海译文出版社,2005:152.
② 石中英.教育公平的主要内涵与社会意义[J].中国教育学刊,2008(3):1-6.

施,加强联邦、省级教育部门与原住民社区学校的沟通与合作,建立教育信息数据库,为原住民学校提供信息技术服务以及师资培训服务等,帮助原住民学生更好地享用教育资源,促进学业进步;第三,通过高成本特殊教育计划、第一民族学生成功计划和高校入学准备计划等,帮助原住民学生更好地参与受教育的过程,提高学业成就;第四,通过技能链接计划和夏季工作经验计划,帮助原住民学生提升就业技能、积累工作经验,为原住民青年未来平等地参与社会政治、经济生活作好准备。

二、包容差异

任何一种文化都以自己独特的语言、价值观和生活方式存在于社会之中。面对多元文化的现实,加拿大在赋予所有人享有平等的法律保护和平等的权益、肯定所有加拿大人的公民身份的同时,充分尊重原住民作为特定文化群体成员的身份,在包括教育在内的多个领域对原住民实行积极差别待遇,充分保障他们的合法权益,以最大限度保证原住民能够平等参与社会政治经济生活,并最终按照自己的意愿去选择生活方式,成为自由的人。

差异取向实际上包含两方面的意义:一是在承认个人普遍意义之上的公民身份的同时,强调其作为特定文化群体成员的身份;二是在保证个人作为普通公民,享受平等待遇的同时,采取特别措施,予以差别对待。[1] 这里的个人是指处于弱势地位的少数文化群体中的个人。

(一)尊重"非政治认同"

对"少数人"而言,个体不仅具有公民身份,在文化识别下,更是以特定文化群体成员身份而存在。公民身份是国家和个人之间的一种政治关系,规定了国家和个人在这一关系中的责任和义务,罗尔斯称之为"政治认同";同时,个体对其所属的非国

---

[1] 耿焰.少数人差别权利研究——以加拿大为视角[M].北京:人民出版社,2011:114-123.

家形式文化群体的哲学、价值观、生活方式等的确信和依恋在罗尔斯看来则是一种"非政治认同"。正是这两种承诺和依恋——政治的和非政治的——共同规定了人们的道德认同,塑造了人们的生活方式,即塑造人们看待自身在社会中做什么和努力实现什么的方式。而如果人们丧失了这些依恋情感,就很有可能迷失生活的方向。[①]

事实上,"特殊的法律地位"在历史上相当长的时期里一直是加拿大政府和原住民群体意见分歧的焦点。加拿大政府曾经把造成印第安人窘迫境遇的根源归结于其特殊的法律身份的规定。为了实现完全的平等,1969年联邦政府出台"白皮书",要求废止《印第安法》,废除所有有关印第安人法律身份的规定,赋予印第安人与其他加拿大公民同等的待遇和机会。然而,印第安人却对此政策表达了强烈抗议。他们坚持,"独特的法律地位"是其印第安文化群体成员身份的有力保证,国家应在承认其特殊地位的前提下,保证他们的公民权益,使他们能够按照自己的价值观和生活方式来管理包括教育在内的本民族的事务并传承印第安文化。在印第安人的强烈要求下,联邦政府最终放弃了"白皮书"中"同等待遇"的主张,并在随后近半个世纪的时间里,不断调整政策,赋予原住民包括发展教育在内的一系列自治权,在实践层面实现了对原住民的"差异性"权利保护。加拿大以宪法的形式确认了印第安人、因纽特人和梅蒂斯人的原住民身份,承认并肯定他们的固有权利和条约权利不受侵犯。在全国家庭普查中为原住民人口单独设立统计口径,帮助其完成身份确认。近几年,加拿大人口普查显示原住民人口迅猛增长的原因,除了其较高生育率的影响外,也与政府致力于推进对原住民的身份确认工作不无关系。同时,通过第一民族和因纽特文化教育中心计划的实施,开发包括语言和传统技艺在内的原住民文化教育课程和资源,支持原住民社区博物馆、图书馆的运行,帮助原住民保护和传承自己的文化,增进公众对原住民历史文化的理解和认同。

[①] 约翰·罗尔斯.政治自由主义[M].万俊人,译.南京:译林出版社,2000:32.

(二)注重"差别性待遇"

与强势文化群体成员的体验不同,那些具有不同历史、价值观、信仰和生活方式的少数人群体常常因为自己的文化在社会生活中没有得到充分反映甚至被忽视而对自己的文化认同产生压抑或自卑的情绪,其成员常常会在教育、就业以及职位晋升等社会生活的参与过程中处于不利的境地。因而,包容差异的价值观不仅要强调国家对少数人群体文化身份的识别和尊重,更应该强调少数人群体基于这种特殊法律地位的差别性待遇。

加拿大设立原住民与北方事务部,专门管理包括教育在内的所有原住民事务;在多元文化主义的框架下对原住民实行教育自治,通过立法、签订条约、协议等方式将教育管理权下放给原住民,充分尊重原住民的意愿,帮助他们按照自己的方式管理和发展教育。加拿大政府通过教育合作计划,支持联邦政府、省级政府和原住民政府三方开展合作,为原住民教育机构提供教育咨询服务、培训原住民师资、共享教育资源和公共服务,帮助原住民提升教育管理能力,促进原住民学生的学业成就;实施包括设立奖学金、表彰原住民杰出青年、开展就业指导等内容的印第安人激励计划,促进原住民青年发挥潜能、实现"光明未来";通过技能链接计划和夏季工作经验计划,帮助原住民青年克服就业障碍、提升就业能力、为未来参与社会政治经济生活作好准备。在与原住民签订的部分协议中,联邦政府则给予了原住民更大的教育自治权。在与西岸第一民族签订的自治协议中,明确规定,"若与教育有关的西岸法律与联邦法律发生冲突,适用西岸法律",实际上赋予西岸第一民族法律在教育领域内比联邦法律更高的法律效力,充分尊重了原住民按照自己文化独特的行为方式管理和发展民族教育的意愿。

三、维护多样性

多样性这一概念可以从不同的维度予以考量。对于人类社会而言,多样性主要是指由于种族、性别以及人们长期所处的地理、气候、历史等环境的影响而形成的语言、认知、信仰、思维和行为习惯等的差异。① 加拿大是世界上民族最多的国家之一。不同肤色、语言和文化背景的人们共同创造了加拿大的多元文化,因而多元文化主义框架下的原住民教育政策既是维护社会文化多样性的内在需要,又是社会文化多样性的重要体现。

(一)保护文化多样性

文化在不同的时代和不同的地方具有各种不同的表现形式,②它定义了人们不同的精神生活、价值观念和自我认同。就像生物多样性之于生态平衡的重要意义一样,文化的多样性对于人类社会的"生态平衡"也是必不可少的。对一种文化的精通决定了人们可想象世界的边缘。③ 在当今全球化时代,国家之间、民族之间的交往日趋频繁,文化多样性作为一种客观存在不断修正和丰富着人们对世界的看法。加拿大多元文化主义框架下的原住民教育政策在强调原住民差别权利的同时,帮助他们正确认识、保护和发展自己的文化,维护和造就了加拿大的文化多样性。

加拿大首先从法律上承认了种族、宗教信仰等多样性是加拿大的基本特征并确立了多元文化主义政策这一基本国策。不同族裔的个人都有保存、发展和分享其文化遗产的自由。在多元文化主义框架下,原住民教育始终将恢复和发展民族文化置于优先考虑的战略地位。语言是个体自我认知以及认知世界的主要途径,是一个民族特定的信仰、价值观和思维的重要表达方式。由于历史上长期遭受同化政策的压制,原住民儿童曾被迫放弃自己的民族语言,只能学习英语。盎格鲁化政策严重忽视了原住民的文化个性,使原住民语言遗产遭受极大的威胁。多元文化主义框架下的原住民教育政策将原住民语言学习作为首要任务。联邦政府和省级政府针对不同学校的具体情况有针对

---

① Ratna, G. Diversity and Excellence in Higher education: Is there a Conflict? [J]. Comparative Education Review, 2012, 56(3):350.
② 联合国.世界文化多样性宣言[R].联合国官网,2016-07-09.
③ Margalit, A. & Raz, J. National Self-Determination[J]. Journal of Philosophy, 1990: 449.

性地推行双语教育,帮助原住民学生掌握官方语言和族裔语言:对就读联邦或省属原住民学校中的学生实施语言"沉浸政策",聘请原住民助教为学生开设原住民语言或传统文化课程;采取原住民语言过渡法逐渐将原住民语言作为第二语言教授;在原住民语言作为教学语言的学校将英语作为第二语言教授等。联邦政府和省级政府通过双语教育政策的实施,共同致力于恢复和发展原住民语言教育,帮助原住民学习和传承民族语言文化,增进民族文化的理解和自我认同。通过教育新路径计划的实施,开发原住民文化课程,选聘和培养原住民师资,支持原住民社区、长者和家长参与教育等,共同致力于民族文化在教育中的恢复。通过第一民族和因纽特民族文化教育中心计划的实施,开展民族文化遗产研究、开发民族语言学习资源、召开文化教育研讨会等,在帮助原住民重拾自我认同、恢复民族自信的同时促进不同文化之间的对话、交流和理解。

(二)尊重个体价值的多样性

威廉·冯·洪堡(Wilhelm von Humboldt)认为,由于历史、文化等因素的影响,个体都具有自己独特的需要、价值观和能力,而正是这些具有多样性的个体价值构成了现代教育的核心。在他看来,实现人类和谐发展有两个基本条件:自由和环境的多样性。洪堡主张对国家力量予以限制,从而使公民获得最普遍的教育,促进个性的发展,使他们能够策划和参与公共政治生活。国家的责任是为个人的生存和发展提供保障,而个人的责任是自主和自治,决定自己的发展方向和水平。[①]

多元文化主义框架下的加拿大原住民教育政策在保障所有原住民受教育权利的同时,充分满足原住民想要按照自己的方式管理和发展教育的意愿、给予原住民教育自治的权利。保留区内的学校由原住民自己管理;保留区外的省属原住民学校由省级政府负责大部分的管理权,原住民代表以校董事会成员的身份参与管理;联邦政府负责为原住民教育提供财政资助。保

---

① 克里斯托夫·武尔夫.教育人类学[M].张志坤,译.北京:教育科学出版社,2009:36.

留区居住的原住民可以选择入读保留区内的学校,也可以选择前往其他省或地区的公立学校就读;保留区外居住的原住民学生可以选择就读省属原住民学校,也有选择入读其他公立学校的权利。原住民学生可以按照自己的意愿选择入读学校的类型,接受不同的教育方式。同时,在教育过程中,联邦政府通过一系列有针对性的计划、项目的实施,保证原住民充分按照自己的意愿实现自我发展。联邦政府通过教育合作计划提供连续的资金支持,用于第一民族学校提升教育管理能力和学生学业成就,增进与省级教育部门的合作以保障原住民学生按照自己的意愿在其间顺利转学。教育新路径计划通过开设原住民语言及文化课程、选聘原住民助教、鼓励原住民长者和家长参与教育等措施为原住民学生按照自己的主张和价值观选择受教育的方式提供了保障。原住民教育政策一方面注重对原住民文化的保护和传承,同时也强调培养原住民在现代社会的综合竞争力,为原住民多样化个体价值的实现提供良好的环境。联邦政府通过提供财政资助,支持原住民与北方发展部实施高校入学准备计划和第一民族及因纽特青年就业战略计划。原住民学生可以根据自己的发展意愿选择申请参加不同的计划学习,为自己的未来发展和自我价值的实现做规划。

四、寻求可持续发展

随着对工业化进程中经济、社会发展与环境破坏之间的反思,人们逐渐开始关注可持续发展。世界环境与发展委员会1987年发布报告《我们共同的未来》,将可持续发展概念定义为"能满足当代人的需要,又不对后代人满足其需要的能力构成危害的发展"。[1] 经济增长、社会包容和环境保护作为可持续发展的重要内容逐渐受到世界各国的普遍关注。2015年联合国发布《变革我们的世界:2030年可持续发展议程》报告,制订了涵盖人类、地球、繁荣、和平、伙伴等五个关键领域的17项新的全球

---

[1] United Nations. Report of the World Commission on Environment and Development: Our Common Future[R]. New York: Oxford University Press, 1987:43.

可持续发展目标。议程第 25 条明确了未来十五年教育的可持续发展目标:"承诺在各级提供包容和平等的优质教育——幼儿教育、小学、中学和大学教育、技术和职业培训。所有人,特别是处境困难者,无论性别、年龄、种族、族裔为何,无论是残疾人、移民还是原住民,无论是儿童还是青年,都应有机会终身获得教育,掌握必要知识和技能,充分融入社会。我们将努力为儿童和青年提供一个有利于成长的环境,让他们充分享有权利和发挥能力,帮助各国享受人口红利,包括保障学校安全,维护社区和家庭的和谐。"[①]为包括原住民在内的弱势群体提供包容、公平的优质教育成为全球未来可持续发展的目标和内在要求。

(一) 促进社会的可持续发展

多元文化主义框架下的原住民教育政策是加拿大历史发展的必然选择,对缓解加拿大的族群矛盾、增进国家认同、促进社会融合具有重要意义。20 世纪 70 年代,加拿大社会矛盾激烈。面对移民国家逐渐形成的现实、魁北克法裔的分裂势力以及原住民反对同化、争取自治的强烈呼声,加拿大政府审时度势,宣布实施多元文化主义政策,并以法律形式确立了这一基本国策。多元文化主义政策对平息法裔分裂势力、缓和移民矛盾起到重要作用;对于原住民而言,意义则尤其深远。《加拿大多元文化主义法》《加拿大人权法》以及《1982 年宪法》等一系列法律的出台,明确了第一民族、因纽特人和梅蒂斯人的原住民法律身份以及他们的"固有权利和条约权利"不受侵犯,赋予原住民平等参与教育和就业等一切社会生活、保存和发展民族传统文化等民主权利。由此,加拿大彻底摒弃了过去对原住民实施的同化政策,给予原住民和其他加拿大人同等的公民待遇。在教育领域,联邦政府充分尊重原住民想要按照自己的方式发展教育的意愿,接受了原住民教育自治的建议,逐渐将教育管理权下放。联邦政府制订并实施了一系列教育合作计划,促进联邦政府、省级

---

① 外交部.变革我们的世界:2030 年可持续发展议程[R].中国外交部官网,2016-01-13.

政府和原住民政府之间的合作,大力发展原住民教育、保护和传承原住民文化。原住民教育政策为加拿大原住民和其他民族之间搭建了相互理解和沟通的桥梁,为各民族营造了平等、宽松的环境,有效缓解了民族矛盾,促进了加拿大的社会融合。另一方面,随着原住民教育的蓬勃发展,原住民的受教育程度以及社会政治、经济地位得以提高,民族文化逐渐为主流社会所理解和接纳。由于"自己的族裔认同得到尊重和宽容",①原住民从情感上更容易认同自己的国家和自己作为"加拿大人"的身份,从而实现了民族认同与国家认同的和谐共生,促进了加拿大社会的稳定和繁荣。

(二)促进经济的可持续发展

加拿大原住民教育政策的制定和实施不但在维护民族团结和国家稳定方面起到了积极作用,也是加拿大经济发展的必然要求。

随着第二次世界大战后第一代婴儿潮时期出生的人口逐渐步入老年,近年来加拿大社会人口老龄化程度不断加剧。2016年加拿大人口普查数据显示,65岁及以上的老年人人口占全国总人口的16.9%,自1851年人口普查以来首次超过15岁以下人口占比(14.8%)。② 与此同时,15~64岁的劳动力人口增速仅为0.4%,远低于上一个人口普查周期1.1%的增速,劳动力人口持续减少。③ 然而,与加拿大全国人口发展趋势不同,由于近年来原住民社会政治、经济地位大大改善,越来越多的人选择登记为原住民,加之常年较高的生育率,原住民人口持续增长,成为加拿大劳动力缺口的重要补充。然而由于历史的原因,原住民的教育水平普遍较低,所从事的工作也多以劳动密集型行业为主。加拿大政府充分认识到提高原住民教育质量、培养优质的劳动

---

① Kymlicka, W. Finding Our Way: Rethinking Ethnocultural Relations in Canada[M]. Toronto: Oxford University Press, 1998:72.

② Age and Sex Highlight Tables, 2016 Census[R].https://www12.statcan.gc.ca,2017-05-05.

③ Census in Brief Recent Trends for the Population Aged 15 to 64 in Canada,2016 Census[R].https://www12.statcan.gc.ca,2017-05-09.

力资源对于加拿大经济可持续发展的战略意义。政府实施多元文化主义框架下的原住民教育政策在普及原住民基础教育的同时尤其加大了对中学后教育的投入。通过实施中学后伙伴计划和高校入学准备计划，联邦政府为有条件和意愿的原住民学生提供经费和学业支持，帮助他们克服经济上和学业上的障碍，顺利接受高等教育。通过实施中学后学生支持计划以及第一民族和因纽特青年就业战略等项目，帮助原住民青年克服就业障碍、提高就业技能，为进入高级劳动力市场作准备。加拿大原住民教育政策在充分尊重原住民发展意愿、帮助他们取得更大成就、实现自我价值的同时也为加拿大经济发展注入了新的活力，促进了经济的可持续发展。

第七章　当代加拿大原住民教育政策对我国少数民族教育的启示

中国自古以来就是一个多民族的国家，各族人民共同创造了璀璨的中华文明。中华人民共和国成立以来，促进民族地区经济、社会以及教育事业发展始终是国家发展的重要任务之一。近年来，民族地区教育规模不断扩大，各级各类教育普及率显著增长，义务教育保障机制和学生教育资助体系逐渐健全，教师队伍不断加强，民族团结教育、双语教育以及对口支援得到较好推进。民族教育的发展也为民族地区经济社会发展、维护国家统一和民族团结起到了积极的推动作用。然而，由于历史、自然等原因，民族地区教育基础差、底子薄、整体发展水平与全国平均水平还存在较大差距。在经济全球化飞速发展的当下、在全面建成小康社会和实现中国梦的关键阶段，加快推进广大民族地区教育等各项事业的发展逐渐成为政府和社会各界关注的焦点。

《国家中长期教育改革和发展规划纲要（2010—2020年）》专门就民族教育发展做了科学规划，要求在各级各类学校广泛开展民族团结教育，加快民族地区各级各类学校教育协调发展，提高少数民族和民族地区教育发展水平。2015年第六次全国民族教育工作会议召开，国务院印发了《关于加快发展民族教育的决定》，从指导思想、目标任务、政策措施等几个方面对新时期我国民族教育的发展做了整体规划。

民族政策在促进民族发展、协调民族矛盾、维护国家统一等方面具有调控、标尺和催化作用,[①]对任何一个多民族国家而言都具有十分重要的意义。多元文化主义框架下的原住民教育政策是加拿大社会发展的历史选择,对缓和原住民、移民与主流社会的对抗以及英裔、法裔之间的冲突,避免社会分裂,维护国家统一,树立加拿大良好的国际形象等都具有不可替代的价值。我国少数民族教育政策与加拿大原住民教育政策在政策背景、政策内容与范畴、政策理念及价值取向等方面既有相通之处又存在重大差异。本书在研究加拿大原住民教育政策的基础上结合我国国情做以下思考,以期为我国少数民族教育政策改革提供启示。

一、将促进民族发展与国家认同教育相结合

加拿大作为典型的多族群、多文化国家,国家认同尤为重要。加拿大文化的多样性是在共同体制和规范内的多样性,所有民族都必须在国家共同的制度框架内保留和发展民族文化。宪法赋予原住民的权力是加拿大的国家权力,原住民群体也是作为加拿大国家范围内的群体。[②] 因而多元文化主义框架下的原住民教育自治是在遵循加拿大基本价值理念和行为模式下的自治,在重视缩小原住民和非原住民教育成就差距,促进原住民社会政治、经济地位改善的同时,尤其注重对"加拿大认同"的强调。加拿大原住民教育的经验也表明,在统一的国家认同下维护原住民的民族身份认同,保护和弘扬民族文化,原住民也更加重视加拿大国家的统一和社会和谐。

我国历来将发展教育作为促进少数民族生存和发展的重要途径,民族教育政策致力于推动少数民族的发展。1979 年,国家民委和教育部联合颁布了《关于民族学院工作的基本总结和今

---

① 金炳镐.民族理论通论[M].北京:中央民族大学出版社,2007:458-466.
② Laforest, G. Trudeau and the End of a Canadian Dreams[M]. Montreal: McGill-Queen's University Press, 1995:137.

后方针任务的报告》,要求各民族学院以社会主义现代化建设为工作重心,执行党和国家在新形势下的民族工作方针,努力培养四化建设所需要的具有共产主义觉悟的政治干部和专业技术人才,为民族地区的现代化建设服务。① 1980年,教育部、国家民委在《关于加强民族教育工作的意见》中明确指出:"少数民族地区的四化建设和繁荣发展,需要大批建设人才,必须发展各类学校教育"。② 为推进民族地区的社会主义现代化建设,1992年国家教委颁布《全国民族教育发展与改革指导纲要(试行)》,明确了20世纪90年代国家民族教育事业发展的目标:第一,坚持打好基础,在数量上和质量上发展和提高民族教育事业;第二,坚持改革开放,明确办学思路,让教育更好地服务于民族地区的社会主义现代化建设;第三,力争缩小差距,特别是经济落后的民族地区与内地教育发展平均水平的差距。③ 长期以来,国家为加快少数民族地区经济、社会发展,将发展少数民族教育作为主要手段,以教育发展带动经济社会全面发展。民族教育政策为实现民族平等、民族团结和各民族共同繁荣起到了积极作用。

本书认为,我国民族教育政策在积极促进民族地区经济和社会发展的同时,应更加注重中华民族"多元一体"的格局,民族教育既要彰显各民族的多样性、增进相互理解,又要强调各民族相互依存、不可分割的统一性,增强公民意识和国家认同。在民族教育的课程中融入少数民族文化的视角,创造各民族平等对话、交流的环境,让学生在尊重和传承自己民族文化的同时,抛弃旧有的民族狭隘意识,理解和欣赏他人的文化,从而能够从多元文化的视角认识社会问题和争端,具备国家公民意识和跨文化生活的能力,自觉维护民族团结和国家统一。

---

① 中华人民共和国国家民族事务委员会.国家民委、教育部关于印发《关于民族学院工作的基本总结和今后方针任务的报告》的通知[R].中华人民共和国国家民族事务委员会官网,2004-06-29.

② 中华人民共和国国家民族事务委员会.教育部、国家民委关于加强民族教育工作的意见[R].中华人民共和国国家民族事务委员会官网,2014-06-22.

③ 国家教委民族地区教育司.国家教委民族地区教育司关于印发《全国民族教育发展与改革指导纲要(试行)》的通知[R].法律教育网,1992-10-21.

二、将下放教育管理权与培养民族教育管理能力相结合

对加拿大原住民教育政策的研究不难发现，自1972年全国印第安人兄弟会提出"印第安人控制印第安教育"诉求以来，原住民对教育管理权利的争取一直伴随并极大地推动了加拿大原住民教育的发展。尽管我国少数民族教育政策和加拿大原住民教育政策在政策背景与路径、政策内容与范畴等方面都存在差异，但是加拿大原住民教育政策对原住民教育管理权的下放以及对原住民自身能力构建的重视值得适度借鉴。在借鉴的同时，我们应该特别引起重视的是，尽管原住民教育自治在原住民教育发展的过程中起到了极大的推动作用，但是加拿大对原住民教育管理权利的下放与原住民自身能力构建的相对滞后之间的矛盾也逐渐成为加拿大原住民教育发展过程中的阻碍因素。因此，近年来加拿大原住民教育政策尤其注重由赋予权利向能力培育的转变，帮助原住民提升教育成就的同时强调其自身能力的构建。

经过半个多世纪的探索，我国少数民族教育在办学规模、条件以及教育质量等方面取得了显著成绩。各民族实现了法律和政治上的平等，各少数民族拥有了和汉族同样的权利，在教育方面也是如此。国家宪法明确赋予了民族自治机关自主发展和管理本地方民族教育的权利。2001年，国家修订了《中华人民共和国民族区域自治法》，赋予民族自治地方的自治机关依据国家法律规定和教育方针，决定本地区的教育发展规划、学校设置、办学形式、教学内容以及招生办法等权利。同时还规定，民族自治地区的自治机关应积极普及九年义务教育，发展扫盲教育、职业教育，有条件的根据需求发展民族高等教育，积极培养民族地区经济社会发展亟需的专业人才。[①] 国家持续推出了大量扶持、支援民族教育的政策、计划和项目，为民族自治地区自主发展本

---

① 全国人民代表大会. 中华人民共和国民族区域自治法(修正)[R]. 全国人民代表大会官网,2016-07-09.

民族教育事业奠定了坚实基础，各民族教育事业均因此实现了跨越式发展，民族教育的面貌焕然一新。可是随着国家教育改革和发展的深入推进，民族教育事业发展的瓶颈也逐渐显现。部分少数民族和少数民族地区存在过度依赖国家倾斜性民族政策的情况，少数民族管理和发展本民族教育事业的能力仍然比较薄弱，缺乏自我发展的意识，"等靠要"的思想较为严重。然而，任何一个民族的教育发展都离不开本民族自身的主动参与，因为只有少数民族自身才最了解自身民族的传统文化、价值观念以及利益诉求，并据此寻找到更为符合本民族实际需求、为本民族价值观念所接受的教育方式和发展目标。因而，新时期我国民族教育转型发展的关键就在于培养民族教育发展的内生性动力。国家应积极加强政策引导和扶持，进一步加大少数民族师资、教育管理干部以及各类专业骨干人才的培养力度，加强内地学校和民族地区学校的合作，鼓励内地优秀教师和教育工作者到民族地区工作。同时，各民族自治地方的自治机关应切实担负起自主发展本民族教育事业的责任，在坚持民族教育基本原则的指导下，根据实际情况和不同需求，创造性地开展民族教育工作，开办各级各类学校、举办民族传统文化活动、开展民族教育科学研究等。在这个过程中，国家应加强对民族自治地方的自治机关政策执行的考核力度，对自主管理、发展民族教育成效较好的地区予以表彰、奖励，宣传其先进经验；对效果欠佳的地区及时分析原因、找准对策、予以改进。总之，各级各类政府应该积极行动起来，共同构建外部支援扶持与内部能力建设相协调的模式，让少数民族教育真正回归少数民族的生活本源，让少数民族真正拥有管理自己民族教育事业的能力，真正激发他们的创造力和使命感，共同推进民族教育持续、快速、健康发展。

三、促进民族教育与经济社会协调发展

通过原住民中学后学生支持计划以及就业战略计划等多种渠道，发展原住民职业教育，提升原住民职业素养，补充由于人口老龄化所产生的巨大劳动力缺口，保持经济发展的可持续性是当代加拿大原住民教育政策为我国民族教育发展提供的又一

重要启示。

我国已经步入人口老龄化社会,是世界上唯一一个未富先老的国家,未来还极有可能迈入人口超老龄化国家的行列。国家统计局统计数据显示,2016年我国16~59岁劳动年龄人口为90 747万人,占总人口的65.6%,继2012年劳动年龄人口总量出现首次减少之后,连续第五年减少。① 改革开放以来,支撑我国经济持续快速发展的人口红利正在逐步消失,中国在国际分工中由于丰富的劳动力资源而获得的比较优势也因此逐步减退。与此同时,9亿多劳动年龄人口中,仅1亿多接受过高等教育或具有专业技能,②劳动力资源供给质量不高。因此,能否科学培育优质的人力资本,合理配置劳动力资源,加快经济结构转型升级就成为制约我国社会经济持续快速发展的瓶颈。

中华人民共和国成立以来,国家给予了少数民族生育政策性照顾,加之,少数民族地区经济社会快速发展,人们生活水平得到较大改善,各少数民族在近几十年里人口获得了较快增长,少数民族人口在全国总人口的占比不断提升。全国第六次人口普查数据显示,2010年各少数民族人口占全国总人口8.49%,同2000年第五次全国人口普查相比,增长6.92%,而同时期汉族人口增加5.74%。③ 与此同时,少数民族的人口年龄结构明显优于汉族,也优于全国的总体结构,日益成为国家经济发展所需劳动力资源的重要来源。近年来,尽管少数民族义务教育得到较快发展,但是由于自然、历史等的原因,少数民族教育整体发展水平与全国平均水平相比差距仍然较大,尤其是应用型、技术技能型人才培养相对滞后,无法满足民族地区日益发展的社会经济生活的需要,制约了民族地区经济以及国民经济的快速转型发展。另一方面,职业技能的内容多为源自自然科学技术的知识

---

① 中华人民共和国国家统计局. 中华人民共和国2016年国民经济和社会发展统计公报[R].中华人民共和国国家统计局官网,2017-02-28.

② 中华人民共和国国家统计局. 人口发展战略不断完善,人口均衡发展取得成效[R].中华人民共和国国家统计局官网,2017-07-25.

③ 中华人民共和国国家统计局. 2010年第六次全国人口普查主要数据公报(第一号)[R].中华人民共和国国家统计局官网,2011-04-28.

和能力,具有较大的普适性和实用性,是教育的各项内容中受民族文化差异影响最小的部分,便于少数民族学生学习和掌握。因此,优化民族地区教育结构、合理配置教育资源,在普及义务教育的同时努力提升少数民族学生就业创业能力,着力发展职业教育,促进民族教育与社会经济协调发展就成为当下民族教育政策应该予以关注的重要内容。由于少数民族学生接受教育后大多选择回到自己的家乡就业生活,因而民族地区的职业教育应充分考虑地区经济社会发展需要,科学规划中、高等职业院校的专业结构和课程设置,优先培养民族地区社会经济发展亟需的工、农、医、管理等专业型人才,提高办学的针对性和有效性。加大民族地区职业教育投入,在教材、教学设备设施、实训室等教学资源配置上保质保量,引进优质职业教育师资,加强校企结合、产教融合,提高民族地区职业教育办学质量,让少数民族学生真正学有所获、学有所用,在改善、提高自身生活质量的同时促进民族地区以及国民经济可持续发展。

四、发挥少数民族社区、家长、长者的作用

加拿大原住民教育另一条重要经验是通过政策引导,较为成功地在原住民教育过程中引入了原住民社区、家长和长者的参与。充分发挥社区、家长和长者在教育中的积极作用,既较好地把原住民传统文化知识和认知方法与策略有机地融入到了现代教育之中,消除原住民家长对学校教育的误解与担忧,又行之有效地帮助原住民学生克服了对主流文化教育环境的恐惧心理,更好地适应多元文化主义教育;同时,对降低原住民学生的辍学率、恢复学习自信、提升学业成就以及推进原住民教育的整体发展都发挥了十分重要的作用。

我国少数民族教育经过半个多世纪的发展,教育规模不断扩大,办学条件等硬件条件得到明显改善,与内地学校差距逐渐缩小。然而,随着民族教育的深入发展,民族教育的特殊性需求与现实教育满足缺失的矛盾日益显著,并逐渐成为民族教育深化发展的瓶颈。具体表现为对民族教育中的特殊因素未予以充分考虑,民族语言和传统文化课程的实施缺乏行之有效的方式,学生学习效果不理想等情况。尽管我国开发了以部分民族语言

文字为载体的教学资源,但就全国范围来看,绝大多数地区仍使用的是全国统编教材,部分学校开设的双语课程以及民族文化课程大多因为双语教师、少数民族教师的缺乏以及教学资源的不足而效果不佳。为此,我国少数民族教育可以借鉴加拿大原住民教育中社区、家长、长者的参与模式,采取灵活多样、行之有效的形式将民族语言和传统文化教育融入学校教育之中,帮助学生克服因主流教育"文化隔膜"而带来的学习适应困难、学习兴趣缺乏、学业成就低下等问题。我国少数民族教育政策对在学校教育中引入少数民族社区、家长和长者参与的关注不够,在具体的教育过程中也鲜有相关的实践。本书认为,社区、家长和长者参与教育不仅能弥补当前我国民族教育因双语教师缺乏,民族语言学习推进困难的问题,还能一定程度地补充民族文化课程资源,改变过去课程形式单一、文化传承效果不理想的情况;同时,社区、家长及长者的参与也可以让少数民族学生在主流教育中增进对自己民族文化的认同,更加自信地面对跨文化生活。民族聚居地政府应加大对社区民族文化建设的支持力度,帮助社区建立民族文化艺术馆、博物馆;同时加强各级各类学校与社区的联系,条件允许的地方社区可以在学校举办传统文化活动并邀请少数民族学生参与,让民族传统文化教育"走出去""请进来",真正把社区作为学校民族传统文化教育基地,促进民族教育和文化传承的协调发展。与此同时,民族聚居地学校或者其他内地学校可以加强少数民族学生家长及长者的参与力度。一方面,邀请非物质文化遗产传承人、民族技艺大师、长者等担任兼职教师,举办讲座或定期开设相关课程,作为对学校民族文化课程的有力补充;另一方面,遴选具有一定文化素养、热衷教育的少数民族学生家长作为兼职助管,协助学校对民族学生进行日常管理。针对目前学校双语教师缺乏的情况,可以采取自愿报名、社区推荐、学校遴选等方式,选拔、培训一批精通民族语言和汉语的人员作为助教补充到双语教师的队伍中,为少数民族学生提供课余的语言学习辅导,帮助他们克服语言学习障碍、提高学业成就。

结　语

纵览加拿大原住民教育及其政策的历史，可以清晰地发现其从隔离、同化到多元文化主义的演变和发展历程。尤其是在20世纪六七十年代之后，加拿大原住民教育政策在多元文化主义和全纳教育理论的共同影响下，进行了持续的调整和完善，构建起了多元文化主义框架下的原住民教育政策体系。加拿大原住民教育政策是加拿大多元文化主义政策的重要组成部分，既是加拿大政府应对原住民对同化政策的反抗、争取教育自治权利所做出的历史选择，也是主流社会和政府自我反省的结果；既是政府通过发展原住民教育，改善和提升原住民社会政治、经济状况的重要举措，也是加拿大构建多元文化社会，实现社会和谐稳定与经济可持续发展的重要途径。以宪法和多元文化主义法为基础，加拿大联邦、各省和地区制定了大量的原住民教育政策，为原住民教育提供了法律、资金、资源等各方面的保障，并通过积极在多元文化主义框架内实施教育合作计划、第一民族和因纽特文化教育中心计划、教育新路径计划、第一民族和因纽特青年就业战略计划、中学后学生支持计划等具体的政策项目，在纵向的时间维度上实现了原住民教育状况的较大幅度改善，提高了原住民教育水平。加拿大原住民教育政策实施的成果促进了原住民政治、经济和社会地位的提升，为加拿大国内各族群的团结、社会的繁荣稳定及经济的可持续发展作出了积极贡献。

通过对当代加拿大原住民教育政策的研究,本书得出以下几点认识:

第一,当代加拿大原住民教育政策具有崇尚公平、包容差异和尊重多元文化等特质。当代加拿大原住民教育政策是在加拿大多元文化的社会背景下,多元文化和全纳教育理论共同塑造的结果。多元文化主义和全纳教育理论所主张的实现社会公平正义、禁止歧视与排斥、包容差异以及欣赏文化多样性等主张在加拿大原住民教育政策中得到了比较充分和完整的体现。原住民教育政策与加拿大多元文化的社会现实和原住民的诉求高度契合,因而也造就了加拿大原住民教育政策的内在生命力。

第二,当代加拿大原住民教育政策体系将多元文化主义教育与国家认同教育进行了有效整合。加拿大原住民教育不仅具有深刻的多元文化主义烙印,更为重视国家认同教育,注重培育原住民受教育者对加拿大共同家园的认同感和归属感。国家认同教育是多元文化主义教育的前提和基础,国家认同构成了多元文化主义教育的实质内核,没有国家认同,就不可能有多元文化主义教育和原住民教育自治。在共同的国家认同的统摄之下,加拿大原住民教育政策增强了原住民与来自不同种族、民族、分属不同文化的加拿大人对自己是加拿大社会平等的一员的意识,推进了加拿大多元文化社会的团结、稳定和繁荣。各种族、各民族和多元的文化和谐共处、相互依存、相互促进,不存在某一种族、民族或文化吞并其他种族、民族或文化的问题,实现了社会平等的、相互包容式的整合。加拿大多元文化主义政策的价值内核已经悄然发生了变化,培养具备加拿大国家认同观念的加拿大公民已经超越单纯的原住民保护成为更为重要的目标,一定程度上这一变化也顺应了社会发展的需要。

第三,加拿大原住民教育政策的实施实现了融合主义与平行主义双重路径的有机结合。在加拿大国内至今仍在原住民多元文化主义教育政策具体实施路径问题上存在平行主义与融合主义的理论分歧。但在多元文化主义的框架之下,平行主义和融合主义在一定的时空范围内实现了有机结合,在当今加拿大原住民教育政策中都得到了较为适当的体现。加拿大原住民教育政策及其实施因而也呈现平行主义与融合主义并行的特征。平行主义并非全盘否定欧洲式教育对原住民教育的影响,而融合主义也认同加拿大原住民教育体系内一定程度的原住民自治的必要性。在平行主义与融合主义的论争中,加拿大也出现了倡导融合两条路径的趋势,主张通过积极地介入原住民教育促进原住民参与到主流教育之中,对原住民开展全纳教育,并积极将原住民文化特征融入到主流教育体系之中,在帮助原住民提升教育成就的同时完善加拿大教育体系。平行主义与融合主义双重路径的有机结合最终体现为在积极建立和完善单独的原住民教育体系的同时大力推进主流教育向多元文化主义教育转型的行动。

第四,当代加拿大原住民教育政策体现了原住民教育目标与经济可持续发展目标的紧密结合。加拿大原住民教育政策的制定和实施不但在维护民族团结和国家稳定方面起到了积极作用,也是加拿大经济发展的必然要求。面对人口老龄化程度不断加剧,劳动力人口持续减少和原住民人口较快增长但受教育水平仍然普遍较低的现实,加拿大政府充分认识到提高原住民教育质量、培养优质的劳动力资源对于加拿大经济可持续发展的战略意义。政府在原住民教育政策的制定和实施过程中注重了教育目标与经济发展可持续性的结合,在普及原住民基础教育的同时加大了对中学后教育,特别是职业教育的投入,通过一系列具体政策计划的实施,为原住民学生提供经费和学业支持,帮助他们克服经济上和学业上的障碍,顺利完成学业;帮助原住民青年克服就业障碍、提高就业技能,为进入高级劳动力市场作准备。加拿大原住民教育政策在充分尊重原住民发展意愿、帮助他们取得更大成就、实现自我价值的同时也为加拿大经济发展注入新的活力,促进经济的可持续发展。

从总体上评价,当代加拿大原住民教育政策的实施取得了较好的成效,但仍然面临诸多问题和挑战。由于历史上长期隔离、同化政策的影响以及原住民自身对教育在未来个人发展中的积极作用认识不够,原住民和非原住民在教育成就、社会经济政治地位等方面仍然存在一定差距。从横向比较,原住民学生与非原住民学生之间学业成就差距较大；原住民与政府之间就原住民教育自治的具体内容、实施方式、经费保障和使用以及教育评价标准等诸多问题上还存在分歧。如何消弭这些分歧、更加有效地推动原住民教育发展仍将是加拿大原住民教育政策制定和实施过程中亟待解决的问题。

由于加拿大原住民教育政策不仅体现为专门的原住民教育政策文本，还散见于庞大的多元文化主义政策体系之中，在政策的实施方面亦存差异，加之加拿大各省、地区政府具有独立的教育立法和管理权，政策内容实属浩繁，因而本书仅选取了具有代表性的政策予以介绍和评析，对加拿大原住民教育政策的整体梳理和把握还存在不足。同时，尽管本书试图通过探究当代加拿大原住民教育政策寻找到有利于民族教育政策发展的规律性认识，以便为我国少数民族教育政策改革提供启示，但由于加拿大原住民教育政策和我国少数民族教育政策在政策背景、政策理念、政策路径等方面仍存在一定差异，在研究过程中也存在对规律性认识把握不够准确，以及对我国少数民族教育问题及政策理解不够深入等问题，有待笔者今后进一步学习研究。

附 录

附录一 《加拿大多元文化主义法》(摘译)

简称

第1条 本法可被援引为《加拿大多元文化主义法》。

解释

定义

第2条 在此法中,**联邦机构** 指下列加拿大政府机构:

(a)根据议会法案或由枢密院总督授权建立并执行政府职能的部门、董事会、委员会、理事会、其他机构或政府机关,以及

(b)《金融管理法》第2节所界定的部门公司或皇家公司,但不包括

(c)育空地区、西北地区或努纳武特地区的立法议会或政府部门,具体视情况而定,或者

(d)印第安村落社、村落社委员会或其他建立以履行与印第安村落社或其他原住民组织相关的政府职能的机构。

部长 本法所称之部长是指为实现本法之目的而被加拿大枢密院总督任命为负责该项职责的部长的枢密院成员。

加拿大多元文化主义政策

多元文化主义政策

第3条 （1）在此申明为加拿大政府的政策，其内容包括：

（a）承认并促进对加拿大社会文化和种族多样性的多元文化主义的理解，承认加拿大社会所有成员有保存、增强和分享其文化遗产的自由；

（b）承认和促进对多元文化是加拿大遗产和国家认同的基本特征的理解，并构成了塑造加拿大未来发展的宝贵资源；

（c）促进多元文化主义在加拿大社会各个领域继续发展，促进所有个人和社区充分和公平参与可持续发展，共同塑造加拿大社会；并帮助他们消除阻碍其参与的各种因素；

（d）承认其成员具有共同起源的社区及其对加拿大社会的历史贡献，并促进他们的发展；

（e）保证每个个人均受到平等的法律对待，享有平等法律保护，同时尊重其多样性；

（f）鼓励和促进加拿大社会、文化和经济对加拿大多元文化特征的尊重和包容；

（g）促进在不同族裔的个人和社区的互动过程中形成的相互理解和创造力；

（h）促进对加拿大社会文化多样性的认同、赞赏、反思及表达；

（i）在加强加拿大官方语言的地位和使用的同时，保存并促进英语和法语之外语言的运用；

（j）促进多元文化主义政策在全加拿大范围内的实施与国家对官方语言地位的承诺协调一致。

联邦机构

（2）所有联邦机构的责任和义务被进一步确立为加拿大政府的政策，这些责任和义务包括：

（a）保证不同族裔的加拿大人在这些机构中都平等拥有获得就业及升迁的机会；

（b）促进相关政策、计划的实施，提升不同族裔的个人和社区的能力，共同为加拿大的可持续发展作出贡献；

（c）促进相关政策、计划的实施，增进对加拿大社会成员多样性的理解和尊重；

（d）收集统计数据以推动与加拿大多元文化现实紧密相关的政策、计划和实施的发展；

（e）推进来自不同族裔的个人的语言和文化的运用；

（f）原则上所有联邦机构的活动均应以与加拿大多元文化现实相适应的方式开展。

加拿大多元文化主义政策的实施

一般协作职责

第4条　部长应与其他内阁成员协商，鼓励并推进采取协调一致的措施以执行加拿大多元文化主义政策，并为发展和履行该政策的项目和实践提供建议和帮助。

具体授权

第5条　（1）部长应采取其认为恰当的措施执行加拿大多元文化主义政策，在不影响前述规定的一般职责的情况下，有权：

（a）鼓励并帮助个人、组织和机构在加拿大国内及国外的活动中彰显加拿大的多元文化；

（b）承担和协助加拿大多元文化主义的相关研究，并促进该领域的成就；

（c）鼓励和促进加拿大不同群体之间的交流与合作；

（d）鼓励和协助商业组织、劳工组织、志愿者、其他私立组织以及公共机构，确保其充分参与加拿大社会和经济生活，促进拥有不同出身和来自不同群体的个人对加拿大多元文化现实的尊重和欣赏；

（e）鼓励保护、加强、分享和发展对加拿大多元文化遗产的表达；

（f）促进为加拿大多元文化遗产作出贡献的所有语言的学习、保留和使用；

（g）帮助少数民族社区开展活动，以消除任何歧视性障碍，特别是基于种族或民族的歧视；

（h）向个人、团体或组织提供支持，以保护、加强和促进加拿大的多元文化主义；以及

（i）承担为促进加拿大多元文化主义政策而开展的其他计划或项目，而不是通过法律分配给任何其他联邦机构。

省级协议

（2）部长有权与各省就实施加拿大多元文化主义政策达成协议或安排。

国际协议

（3）经枢密院总督同意，部长有权就促进加拿大的多元文化与国外政府达成协议或安排。

其他部长职责

第6条　（1）除部长外，各内阁成员在履行各自的职责时应当采取其认为适当的措施以实施加拿大多元文化主义政策。

省级协议

（2）除部长外，各内阁成员有权与任何省份就加拿大多元文化主义政策的施行订立协议或做出相关安排。

加拿大多元文化主义咨询委员会

第7条　（1）部长有权设立咨询委员会协助其实施本法以及其他与多元文化主义相关的事宜，有权与其认为恰当的代表多元文化利益的组织协商，任命成员、指定委员会主席以及其他官员。

报酬及费用

（2）咨询委员会的所有成员应享有由部长根据其提供的服务确定的相应的报酬；若因委员会工作出差，有权获得合理的交通及生活费。

年度报告

(3) 咨询委员会主席应在每个财政年度结束后的四个月内,向部长提交关于委员会当年度活动以及其认为适当的与加拿大多元文化主义政策实施相关的任何其他事项的报告。

一般原则

年度报告

第8条 部长应在每年1月31日之后紧随着每一财政年度的结束且至迟在每个议院的第5个开会日之前将本法在该财政年度内的运行情况报告提交各议院审议。

议会专门委员会的永久性审查

第9条 本法的运行和根据本法第8条做出的任何报告均应接受众参两院为此目的分别或联合任命或组建的专门委员会的永久性审查。

附录二 《西岸第一民族自治协议》(摘译)

第十五章

文化和语言

175. 西岸第一民族具有在西岸地区保护、促进和发展奥肯那根文化和语言的司法管辖权,包括:

(a) 管理、保存和保护西岸地区上的考古遗址,包括发放挖掘考古遗址的许可证和执照;

(b) 进入位于西岸地区并对西岸人民具有神圣宗教意义的墓地遗址、文化遗址并对其管理、处置和开发;

(c) 保护、管理和处置西岸地区上对西岸人民具有宗教或文化意义的物品;

(d) 使用、保护和推广奥肯那根语言;

(e) 授权、认证奥肯那根文化符号和文化活动的使用、复制和再现以及在西岸地区奥肯那根语言的教学。

176. 在本协议没有其他规定的情况下，在西岸地区若与奥肯那根语言和文化有关的西岸法律与联邦法律发生冲突，适用西岸法律。

177. 加拿大和西岸第一民族承认奥肯那根文物对于延续西岸第一民族的奥肯那根文化、价值和精神生活的不可或缺的作用。

178. 加拿大和西岸第一民族承认西岸第一民族与奥肯那根文物之间传统的、神圣的联系，不管这些文物由西岸第一民族还是加拿大文明博物馆所持有。

179.（a）没有记载表明加拿大有来自西岸地区的人类遗骸。如果在加拿大发现了来自西岸地区的人类遗骸，加拿大将根据现有的联邦法律、政策和程序对这些遗骸进行处理。

（b）加拿大和西岸第一民族应就归还由加拿大文明博物馆收藏的理应属于西岸第一民族的奥肯那根文物的可能性进行协商并尝试达成协议。

（c）加拿大和西岸第一民族应就在加拿大文明博物馆收藏的理应属于西岸第一民族的奥肯那根文物的保管安排进行协商并努力达成协议。

（d）根据第179条（c）所达成的协议，应尊重西岸第一民族与奥肯那根文化物质的特殊关系，并遵从联邦法律和加拿大文明博物馆的法定授权，并可能包括：

（i）根据生效的任何特殊协议，确定西岸第一民族或加拿大文明博物馆对理应属于西岸第一民族的奥肯那根文物的所有权；

（ii）对理应属于西岸第一民族的奥肯那根文物的维护、保存和运输的条件；

（iii）研究、展示和复制理应属于西岸第一民族的奥肯那根文物以及与此相关的公众、研究人员及学者的相关记录的条件；

（iv）将理应属于西岸第一民族的奥肯那根文物的新信息纳入记录和陈列的规定；

（v）为通过参与加拿大文明博物馆举办的公共项目和活动提高公众对西岸第一民族的认识提供条件；

180. 加拿大应尽力帮助西岸第一民族接触其他公共或私人收藏的奥肯那根文物。

181. 西岸第一民族应当被视为根据《文化财产进出口法》第 32 条(2)款之规定而指定的公众机构,并有责任:

(a)提供符合加拿大公认的博物馆长期收藏和展示捐赠文物标准的西岸第一民族设施;

(b)通过西岸第一民族与社会公共机构或根据《文化财产进出口法》第 32 条(2)款之规定而指定的公众机构签订长期协议,提供长期收藏和展示捐赠文物标准的设施。

182. 西岸第一民族的官方语言为奥卡纳干语。西岸法律和西岸第一民族政府的其他事务根据情况不同应以英语书写和执行。根据西岸第一民族的意愿,宪法也可以用奥肯那根语书写。

183. 联邦机构应根据《官方语言法》之规定提供服务,当《官方语言法》与西岸法律发生冲突时,适用《官方语言法》。

184. 更确切地说,《官方语言法》所规定的联邦机构不包括西岸第一民族、理事会或履行与西岸第一民族相关的政府职能的其他机构。

185. 在依据本编规定的管辖权制定的第一部西岸法律生效之前,继续适用《印第安法》第 91 条。

第十六章

教　育

第 186 条　(a)西岸第一民族拥有对其领地上的幼儿早期教育、初等教育和中等教育的管辖权;

(b)西岸第一民族所建立的教育体系应当允许学生能够如同加拿大其他教育系统中的学生一样在不同的教育体系之间无学业障碍地转学。

第 187 条　作为对第 186 条所规定的普遍权利的具体化,西岸第一民族在教育自治中享有如下权力:

(a)享有学费、中学后教育扶持、资金、课程、文体活动及其他特殊需要的权利;

(b)创建管理机构管理教育项目;

(c)为其成员在西岸地区外就读的子女缔结有关的协议;
(d)与所属省份就有关该省教育服务的提供或标准签订协议,包括:
(i)课程开发;
(ii)教育水平均衡;
(iii)教学方法;
(iv)项目和标准;
(v)教师资格证书;
(vi)教师的培训和发展;
(vii)对教育体系的评估;
(e)为生活在其领地内外的成员管理中学后教育资助金。

第188条 西岸第一民族在行使其教育管辖权的过程中,在维护其对自身的身份、语言和文化传统的保护权的同时,应充分重视与其他教育主管部门的协调合作。

第189条 在本协议没有其他专门规定的情况下,若与教育有关的西岸法律与联邦法律发生冲突,适用西岸法律。

附录三 《印第安法》(1985年修订版)摘译

学校教育

和省或其他部门签订的协议

第114条 (1)根据本法,枢密院总督有权要求部长就印第安儿童教育同以下部门缔结协议,这些部门包括:
(a)各省政府;
(b)育空地区行政长官;
(c)西北领地行政长官;
(c.1)努纳武特地区行政长官;
(d)公立或独立学校董事会;
(e)(被取消)。

学校教育

(2)根据本法,部长有权要求为印第安儿童设立、运行和维持学校。

规定

第 115 条　部长有权

（a）制定学校校舍、教学设备等基础设施以及教育教学等相关标准；

（b）保障儿童从学校转入或转出；

（c）和（d）（被取消）。

入学

第 116 条　（1）凡是年满 7 周岁的儿童均有入学就读的义务。

同上

（2）部长有权要求：

（a）年满 6 岁的印第安儿童入学就读；

（b）已满 16 岁，尚在学校就读的印第安青少年继续就读直至完成学业；

（c）（被取消）。

免除入学

第 117 条　有如下情况的可以免除入学就读：

（a）因疾病和其他不可避免的原因不能入校就读并及时向校长报告的；

（b）在家庭或其他地方能够接受有效教育的。

第 118 条（被取消）。

第 119 条（被取消）。

第 120 条（被取消）。

第 121 条（被取消）。

定义

第 122 条　对第 114 条至 117 条中相关名词的定义。

儿童：已满 6 周岁但未满 16 周岁，应根据部长的规定入学就读的印第安人。

学校：包括日间学校、技术学校和高中。

训导员：（被取消）。

主要参考文献

(一) 中文文献类

1.专著

[1] 爱德华·B.泰勒.原始文化[M].蔡江浓,译.杭州:浙江人民出版社,1988.

[2] 贝磊,鲍勃,梅森.比较教育研究:路径与方法[M].李梅,主译.北京:北京大学出版社,2010.

[3] 贝思·J.辛格.实用主义、权利和民主[M].王守昌,等,译.上海:上海译文出版社,2001.

[4] 常士訚.异中求和:当代西方多元文化主义政治思想研究[M].北京:人民出版社,2009.

[5] 陈·巴特尔,Englert,P.守望·自觉·比较——少数民族及原住民教育研究[M].北京:中央民族大学出版社,2009.

[6] 陈晓莹.融合·发展——加拿大多元文化教育解读[M].北京:民族出版社,2008.

[7] 成有信,等.教育政治学[M].南京:江苏教育出版社,1993.

[8] 辞海编辑委员会.辞海[M].上海:上海辞书出版社,1979.

[9] 耿焰.少数人差别权利研究——以加拿大为视角[M].北京:人民出版社,2011.

[10] 王晁,姜芃.加拿大文明[M].福州:福建教育出版社,2008.

[11] 金炳镐.民族理论通论(修订本)[M].北京:中央民族大学出版社,2007.

[12] 克里斯托夫·武尔夫.教育人类学[M].张志坤,译.北京:教育科学出版社,2009.

[13] 蓝仁哲.加拿大文化论[M].重庆:重庆出版社,2008.

[14] 李桂山,朱柯冰.加拿大多元文化新视野[M].北京:机械工业出版社,2012.

[15] 绫部恒雄.文化人类学的十五种理论[M].中国社科院日本研究所社会文化室,译.北京:国际文化出版公司,1988.

[16] 马广海.文化人类学[M].济南:山东大学出版社,2003.

[17] 马戎.中国民族关系现状与前景[M].北京:社会科学文献出版社,2014.

[18] 路易斯·亨利·摩尔根.古代社会(新译本)[M].杨东莼,马雍,马巨,译.北京:中央编译出版社,2007.
[19] 阮西湖.加拿大民族志[M].北京:民族出版社,2004.
[20] 沈承刚.政策学[M].北京:首都经济贸易大学出版社,1996.
[21] 斯图亚特·S.那格尔.政策研究百科全书[M].林明,等,译.北京:科学技术文献出版社,1990.
[22] 孙绵涛.教育政策学[M].武汉:武汉工业大学出版社,1997.
[23] 孙绵涛.教育行政学概论[M].武汉:华中师范大学出版社,1998.
[24] 王建娥,陈建樾,等.族际政治与现代民族国家[M].北京:社会科学文献出版社.2004.
[25] 王俊芳.多元文化研究:以加拿大为例[M].北京:中国书籍出版社,2013.
[26] 威尔·金里卡.少数的权利:民族主义、多元文化主义和公民[M].邓红风,译.上海:上海世纪出版集团,2005.
[27] 威尔·金利卡.自由主义、社群与文化[M].应奇,葛水林,译.上海:上海译文出版社,2005.
[28] 威尔·金利卡.多元文化的公民身份——一种自由主义的少数群体权利理论[M].马莉,张昌耀,译.北京:中央民族大学出版社,2009.
[29] 沃尔特·怀特,罗纳德·瓦根伯格,拉尔夫·纳尔逊.加拿大政府与政治[M].刘经美,张正国,译.北京:北京大学出版社,2004.
[30] 吴志宏,陈韶峰,汤林春.教育政策与教育法规[M].上海:华东师范大学出版社,2003.
[31] 伍启元.公共政策[M].香港:商务印书馆,1989.
[32] 亚里士多德.政治学[M].吴寿彭,译.北京:商务印书馆,1981.
[33] 袁振国.教育政策学[M].南京:江苏教育出版社,1996.
[34] 约翰·罗尔斯.正义论[M].何怀宏,何包钢,廖申白,译.北京:中国社会科学出版社,1988.
[35] 约翰·罗尔斯.政治自由主义[M].万俊人,译.南京:译林出版社,2000.
[36] 张乐天.教育政策法规的理论与实践[M].上海:华东师范大学出版社,2009.
[37] 筑波大学教育学研究会.现代教育学基础[M].钟启泉,译.上海:上海教育出版社,1986.
[38] 联合国教科文组织.全纳教育共享手册[M].陈云英,杨希洁,赫尔实,译.北京:华夏出版社,2004.

2.期刊论文

[1] 包景泉,金志远.多元文化教育的批判与反思[J].内蒙古民族大学学报:社会科学版,2005,31(1):111-113.
[2] 边宏宇.国土安全与邪恶力量——从"十月危机"看加拿大特鲁多政府对本土恐怖主义的对策[J].领导科学论坛,2015(4):32-33.

[3] 常士闾. 超越多元文化主义——对加拿大多元文化主义政治思想的反思[J]. 世界民族, 2008(4):1-8.
[4] 常士闾. 多元文化主义是普世的吗?[J]. 政治思想史, 2010(1):179-191, 200.
[5] 常士闾. 民族和谐与融合:实现民族团结与政治一体的关键——兼析多元文化主义理论[J]. 天津社会科学, 2007(2):69-71.
[6] 陈晓莹. 加拿大努纳武特地区的多元文化教育[J]. 比较教育研究, 2005, 26(12):47-51.
[7] 陈兴贵. 多元文化教育与少数民族文化的传承[J]. 云南民族大学学报:哲学社会科学版, 2005, 22(5):30-34.
[8] 冯建文, 刘新慧. 加拿大多元文化中的民族主义[J]. 科学·经济·社会, 2000(1):47-50.
[9] 盖瑞斯·詹金斯. 文化与多元文化主义[J]. 陈后亮, 译. 国外理论动态, 2012(6):55.
[10] 高华. 美国与加拿大多元文化教育的功能透视与未来展望[J]. 哈尔滨工业大学学报:社会科学版, 2005, 7(1):121-125.
[11] 高鉴国. 加拿大多元文化政策评析[J]. 世界民族, 1999(4):30-40.
[12] 高苏. 加拿大基础教育的多元文化课程[J]. 中国民族教育, 2007(2):43-46.
[13] 高艳萍, 丁见民. 二战后加拿大土著民族自治政策的演变[J]. 廊坊师范学院学报:社会科学版, 2003, 19(1):89-92.
[14] 宫丽. 从加拿大民族构成, 看多元文化的形成与多元文化教育的意义[J]. 中州大学学报, 2005, 22(1):75-77.
[15] 胡春梅. 论多元文化教育与民族教育之异同[J]. 前沿, 2004(9):67-69.
[16] 胡敬萍. 加拿大民族政策的演进及其启示[J]. 广西民族研究, 2003(1):7-11.
[17] 黄红霞, 王建梁. 多元文化教育:加拿大的经验及启示[J]. 民族教育研究, 2004(5):81-84.
[18] 姜亚洲, 黄志成. 论多元文化主义的衰退及其教育意义[J]. 比较教育研究, 2015, 37(5):26-30.
[19] 李晶. 浅论多元文化主义政策[J]. 前沿, 1999(3):37-40.
[20] 李晶. 西方多元文化主义政策评析[J]. 马克思主义与现实, 2006(6):151-153.
[21] 李欣. 加拿大土著民族的高等教育:政策解读及其战略意义[J]. 教育与考试, 2012(3):73-77.
[22] 梁浩翰, 陈耀祖. 21世纪加拿大多元文化主义:挑战与争论[J]. 广西民族大学学报:哲学社会科学版, 2015, 37(2):41-48.
[23] 梁茂春. 加拿大土著人口的特点及生存状态[J]. 世界民族, 2005(1):57-66.
[24] 刘丽红. 加拿大的多元文化教育[J]. 中国民族教育, 1997(6):43-44.
[25] 刘敏中. 文化传播论[J]. 求是学刊, 1991(1):57.
[26] 刘少林. 加拿大多元文化主义教育本质论[J]. 西安交通大学学报:社会科学版, 1999(3):60-62.

[27] 刘星.浅析公共政策中利益与代价的不均衡分布[J].探索,2000(2):48-51.
[28] 刘忠文.加拿大土著中等教育之变量研究:基于宏观与微观视角[J].楚雄师范学院学报,2012,27(5):77-82.
[29] 陆育红,郑蕊.多元文化主义的背后——浅谈20世纪末加拿大的种族问题[J].西南民族大学学报:人文社科版,2005,26(6):70-72.
[30] 罗伯特·W.海伯.加拿大城市原住民教育所面临的问题[J].熊耕,译.北京大学教育评论,2008,6(2):67-71.
[31] 罗成龙.加拿大少数民族教育与多元文化政策[J].民族教育研究,1997(3):91-94.
[32] 阮西湖.加拿大语言政策考察报告[J].世界民族,2001(3):42-49.
[33] 阮西湖,刘晓丹.加拿大的土著民族[J].世界民族,2006(1):78,80.
[34] 施兴和.加拿大民族政策的嬗变[J].世界民族,2002(1):39-48.
[35] 石中英.教育公平的主要内涵与社会意义[J].中国教育学刊,2008(3):1-6.
[36] 滕志妍,李东材.从赋权自治到能力建构:加拿大原住民教育政策的新路向[J].外国教育研究,2011(4):37-41.
[37] 田烨.加拿大多元文化主义政策与法国多元文化主义政策对比研究[J].广西青年干部学院学报,2014.24(6):76-81.
[38] 王昺.民族教育政策比较——以加拿大印第安民族和中国蒙古族为例[J].民族教育研究,2009(6):59-64.
[39] 王红艳.加拿大印第安人教育述论[J].世界民族,2002(5):25-30.
[40] 王嘉毅,祁进玉.实施倾斜政策,促进少数民族教育快速发展[J].西北师大学报:社会科学版,2009(1):74.
[41] 王鉴.国外多元文化教育比较研究的新进展[J].外国教育研究,2004(3):47-50.
[42] 王侠.西方多元文化教育的历史演进[J].民族教育研究,2004,15(6):85-87.
[43] 魏莉.加拿大化运动及其对加拿大高等教育体制的影响[J].高等教育研究,2006(2):100-104.
[44] 张湘洛.加拿大中小学的多元文化课程[J].外国中小学教育,2006(7):41-43.
[45] 曾绍元.加拿大少数民族教育与启示[J].国家教育行政学院学报,2000(3):76-78.

3.学位论文

[1] 戴晓东.加拿大:全球化背景下的文化安全[D].上海:复旦大学,2004.
[2] 侯敏.多元文化主义背景下的加拿大少数民族教育研究[D].北京:中央民族大学,2007.
[3] 李丽红.和而不同,一体多元——多元文化主义政治思潮述评[D].天津:天津师范大学,2003.
[4] 李庶泉.多元文化课程理论研究[D].兰州:西北师范大学,2004.
[5] 吕明.加拿大不列颠哥伦比亚省小学课程现状与特征研究[D].广州:华南师范大学,

2004.

[6] 祁晋文.求同存异——政治秩序下的多元文化共存[D].天津:天津师范大学,2005.
[7] 闫露.加拿大双语教育研究——兼论中国双语教学[D].上海:华东师范大学,2002.
[8] 唐树良.加拿大沉浸式双语教育与我国双语教学的比较研究[D].保定:河北大学,2004.
[9] 田景红.加拿大多元文化教育研究[D].长春:东北师范大学,2003.
[10] 王侠.西方多元文化教育理论的阐释[D].北京:中央民族大学,2005.
[11] 王晓燕.加拿大原住民早期教育和保育研究[D].南京:南京师范大学,2011.

4.报告

[1] 联合国.土著人民国际日:潘基文呼吁各国信守承诺保障土著人民权益[R].http://www.un.org,2013-08-09.
[2] 联合国.世界人权宣言[R].http://www.un.org,2017-04-26.
[3] 联合国.儿童权利公约[R].http://www.ccc.org.cn,2017-04-26.
[4] 联合国教科文组织.世界文化多样性宣言[R].http://unesdoc.unesco.org,2016-09-12.
[5] 联合国教科文组织.世界全民教育宣言[R].https://wenku.baidu.com,2017-03-09.
[6] 联合国教科文组织.萨拉曼卡宣言[R].https://baike.baidu.com,2017-06-08.
[7] 外交部.变革我们的世界:2030年可持续发展议程[R].http://www.fmprc.gov.cn,2016-01-13.
[8] 中华人民共和国国家民族事务委员会.教育部、国家民委关于加强民族教育工作的意见[R].http://www.seac.gov.cn,2004-06-29.
[9] 中华人民共和国国家民族事务委员会.国家民委、教育部关于印发《关于民族学院工作的基本总结和今后方针任务的报告》的通知[R].http://www.seac.gov.cn,2004-06-29.
[10] 中华人民共和国国家统计局.2010年第六次全国人口普查主要数据公报(第一号)[R].http://www.stats.gov.cn,2014-04-28.
[11] 中华人民共和国国家统计局.人口发展战略不断完善,人口均衡发展取得成效.[R].http://www.stats.gov.cn,2017-07-25.
[12] 中华人民共和国国家统计局.中华人民共和国2016年国民经济和社会发展统计公报[R].http://www.stats.gov.cn,2017-02-28.

(二)英文文献类

1.专著(含论文集)

[1] Alfred, T. Peace, Power, Righteousness: An Indigenous Manifesto[M]. Toronto: Oxford University Press, 2009.
[2] Anderson, J.E.Public Policy- Making (3rd ed.)[M].Orlando:Holt, Rinehart and Winston, Inc., 1984.

[3] Archibald, J. A. Indigenous Storywork: Educating the Heart, Mind, Body and Spirit[M]. Vancouver: University of British Columbia Press, 2008.

[4] Backhouse, C. Colour-coded: A Legal History of Racism in Canada, 1900-1950[M].Toronto: University of Toronto Press, 1999.

[5] Battiste, M. & Barman, J. (Eds.). First Nations Education in Canada: The Circle Unfolds [M]. Vancouver: University of British Columbia Press, 1995.

[6] Battiste, M. & Henderson, J. Protecting Indigenous Knowledge and Heritage: A Global Challenge[M]. Saskatoon, SK: Purich Publishing, 2000.

[7] Battiste, M. (Ed.). Reclaiming Indigenous Voice and Vision[M]. Vancouver: University of British Columbia Press, 2000.

[8] Binda, K. P. & Calliou, S. (Eds.). Aboriginal Education in Canada: A study in Decolonization[C]. Mississauga: Canadian Educators' Press, 2001.

[9] Buchignani, N. Continuous Journey: A Social Histroy of South and Canada[M].Toronto: McClelland and Stewart, 1985.

[10] Burnett, K. & Read, G. (Eds.). Aboriginal History: A Reader[C]. Don Mills, ON: Oxford University Press, 2012.

[11] Cannon, M. J., & Sunseri, L. (Eds.). Racism, Colonialism, and Indigeneity in Canada [M]. Toronto: Oxford University Press, 2011.

[12] Castellano, M. B. & Davis, L. (Eds.). Aboriginal Education: Fulfilling the Promise[M]. Vancouver: The University of British Columbia Press, 2000.

[13] Chalmers, J. W. Education Behind the Buckskin Curtain: A History of Native Education in Canada[M]. Edmonton: University of Alberta Bookstore, 1972.

[14] Chrisjohn, R. & Young, S. The Circle Game: Shadows and Substance in the Residential School Experience in Canada[M]. Penticton: Theytus Books Ltd, 1997.

[15] Day, R. J. F. Multiculturalism and the History of Canada Diversity[M]. Toronto: University of Toronto Press, 2000.

[16] Dei, G. J. S., James, I. M., Karumanchery, L. L., James-Wilson, S. & Zine, J. Removing the Margins: The Challenges and Possibilities of Inclusive Schooling[M]. Toronto: Canadian Scholars' Press, 2000.

[17] Dickason, O.P. Canada's First Nations: A History of Founding Peoples from Earliest Times [M]. Don Mills, ON: Oxford University Press, 2002.

[18] Elliott-Johns, S. E., & Jarvis, D. H. Perspectives on Transitions in Schooling and Instructional Practice[C]. Toronto: University of Toronto Press, 2013.

[19] Flanagen, T. First Nations? Second Thoughts[M]. Montreal: McGill-Queen's University Press, 2000.

[20] Fleras, A., & Elliott, J. L. Unequal Relations: An Introduction to Race and Ethnic Dynamics in Canada[M]. Englewood Cliffs: Prentice Hall, 2003.

[21] Fleras, A., & Elliott, J. L. The "nations within": Aboriginal-state Relations in Canada, the United States, and New Zealand[M]. Toronto: Oxford University Press, 1992.

[22] Frideres, J. Native People in Canada: Contemporary Conflict[M]. Toronto: Prentice Hall, 1983.

[23] Friesen, J. W., & Friesen, V. A. L. Aboriginal Education in Canada: A plea for Integration [M]. Calgary: Detselig Enterprises, 2002.

[24] Ghosh, K. & Abd, A. A. Education and the Politics of Difference—Canadian Perspectives [M].Toronto:Canadian Scholar's Press, 2004.

[25] Grant, A. No End of Grief: Indian Residential Schools in Canada[M]. Winnipeg: Pemmican Publications, Inc, 1996.

[26] Graveline, F. J. Circle Works: Transforming Eurocentric Consciousness [M]. Halifax: Fernwood Publishing, 1998.

[27] Green, J. (Ed.). Making Space for Indigenous Feminism [C]. Winnipeg: Fernwood Publishing, 2007.

[28] Haig-Brown, C. Resistance and Renewal: Surviving the India Residential School [M]. Vancouver: Arsenal Pulp Press, 1988.

[29] Hall, B.L., Die, G. J. S., & Rosenberg, D. G. (Eds.). Indigenous Knowledges in Global Contexts: Multiple Readings of Our World[C]. Toronto: University of Toronto Press, 2000.

[30] Hylton, J. H. Aboriginal Self-Government in Canada: Current Trends and Issues [M]. Saskatoon: Purich Publishing, 1994.

[31] Paquette, J. & Fallon, G. First Nations Education Policy in Canada: Progress or Gridlock? [M].University of Toronto Press, 2010.

[32] Kanu, Y. (Ed.). Curriculum as Cultural Practice: Postcolonial Imaginations[C]. Toronto: University of Toronto Press, 2003.

[33] Kanu, Y. Integrating Aboriginal Perspectives into the School Curriculum: Purposes, Possibilities, and Challenges[M]. Toronto: University of Toronto Press, 2011.

[34] Kymlicka,W.Canadian Multiculturalism in Historical and Comparative Perspective:Is Canada Unique? [M].Oxford: Oxford University Press, 1997.

[35] Kymlicka, W. Finding Our Way: Rethinking Ethnocultural Relations in Canada [M]. Toronto: Oxford University Press, 1998.

[36] Li, P.S. & Bolaria, B.S. Racial Minorities in Multicultural Canada[M] Toronto: Garamond Press, 1983.

[37] Li, P. S.Race and Ethnic Relation in Canada[M]. Toronto: Oxford University Press, 1999.

[38] Long, D., & Dickason, O.P. (Eds.). Visions of the Heart: Canadian Aboriginal Issues. Toronto: Harcourt Brace Canada, 1996.

[39] Miller, J.R. Shingwauk's Vision: A History of Native Residential Schools[M]. Toronto: University of Toronto Press, 1996.

[40] Milloy, J.S. A National Crime: The Canadian Government and the Residential School System, 1879-1986[M]. Winnipeg: The University of Manitoba Press, 1999.

[41] Monture-Angus, P., & Turpel, M.E. Thunder in My Soul: A Mohawk Woman Speaks[M]. Halifax: Fernwood Publishing, 1995.

[42] Morton, W.L. The Canadian Identity[M]. Toronto: University of Totonto Press, 1972.

[43] Nock, D.A. A Victorian Missionary and Canadian Indian Policy: Cultural Synthesis vs Cultural Replacement[M]. Waterloo: Wilfred Laurier University Press, 1988.

[44] Paquette, J. Aboriginal Self-government and Education in Canada[M]. Kingston: Institute of Intergovernmental Relations, 1986.

[45] Palmer, H. Coming Canadians: An Introductory Histroy to Canada's Peoples[M]. Toronto: Mc Clelland and Stewart, 1988.

[46] Ramcharan, S. Racism: Nonwhites in Canada[M]. Butterworths, 1982.

[47] Richards, J., & Scott, M. Aboriginal Education: Strengthening the Foundation [M]. Ottawa: Canadian Policy Research Networks Inc, 2009.

[48] Roy, D.H. The Reuniting of American: Eleven Multiculturalism Dialogues[M]. NewYork: Peter Lang Publishing Inc., 1996.

[49] Schissel, B., & Wotherspoon, T. The Legacy of School for Aboriginal People: Education, Oppression, and Emancipation[M]. Don Mills, ON: Oxford University Press, 2003.

[50] Smith, L.T. Decolonizing Methodologies: Research and Indigenous Peoples[M]. New York: Zed Books, 1999.

[51] Stonechild, B. The New Buffalo: the Struggle for Aboriginal Post-secondary Education in Canada[M]. Manitoba: University of Manitoba Press, 2006.

[52] Waldram, J.B. Aboriginal Health in Canada: Historical, Cultural, and Epidemiological Perspectives[C]. Toronto: University of Toronto Press, 2006.

[53] Watson, C.W. Multiculturalism Concepts in the Social Science[M]. New Delhi: Viva Books Private Limited.2002.

[54] White, J.P., Peters, J., Beavon, D. &Spence, N. (Eds.). Aboriginal Education: Current Crisis and Future Alternative[C]. Toronto: Thompson Educational Publishing, 2009.

[55] White, J.P., Wingert, S., Beavon, D. & Maxim, P. (Eds.). Aboriginal Policy Research: Moving Forward, Making a Difference [C]. Toronto: Thompson Educational Publishing, 2006.

[56] Widdowson, F., & Howard, A. (Eds.). Approaches to Aboriginal Education in Canada: Searching for Solutions[C]. Toronto: University of Toronto Press, 2013.

2.期刊论文

[1] Margalit, A. & Raz, J. National Self-Determination[J]. Journal of Philosophy, 1990, 87(9):439-461.

[2] Abele, F., Dittubrner, C. & Graham, K.A. Towards a Shared Understanding in the Policy Discussion about Aboriginal Education[A] // Castellano,M.B. Davis,L.&Lahache,L. (Eds), Aboriginal Education: Fulfilling the Promise[C]. Vancouver: UBC Press. 2000:3-24.

[3] Antone, E. Culturally Framing Aboriginal Literacy and Learning[J]. Canadian Journal of Native Education, 2003, 27(1):7-15.

[4] Antone, E. Empowering Aboriginal Voice in Aboriginal Education[J]. Canadian Journal of Native Education, 2000, 24(2):92-101.

[5] Antone, E. The Changing Face of Aboriginal Education in Rural and Northern Canada[J]. Education Canada, 2003, 43(1):283-289.

[6] Anuik, J., Battiste, M. & George, P. Learning from Promising Programs and Applications in Nourishing the Learning Spirit[J]. Canadian Journal of Native Education, 2010, 33(1):63-155.

[7] Barman, J., Hebert, Y. & McCaskill, D. The Legacy of the Past: An Overview[A] // Barman, J. Hebert, Y & McCaskill, D (Eds.), Indian Education in Canada. Volume 1: The Legacy[C]. Vancouver: University of British Columbia Press, 1986: 1-22.

[8] Baskin, C. Aboriginal Youth Talk about Structural Determinants as the Causes of Their Homelessness[J]. First Peoples Child & Family Review, 2007.3(3):42-56.

[9] Battiste, M. Enabling the Autumn Seed: Toward a Decolonized Approach to Aboriginal Knowledge, Language, and Education[J]. Canadian Journal of Native Education, 1998, 22(1):16-27,152.

[10] Battiste, M. Nourishing the Learning Spirit: Living Our Way to New Thinking[J]. Education Canada, 2010, 50(1):14-18.

[11] Battiste, M., Bell, L., & Findlay, L. M. Decolonizing Education in Canadian Universities: An Interdisciplinary, International, Indigenous Research Project[J]. Canadian Journal of Native Education, 2002, 26(8):1814-26.

[12] Binda, K. P. Decentralization and the Development of Aboriginal Education System: New Genesis[A] // Binda, K. P. & Calliou, S. (Eds.), Aboriginal Education in Canada: A study in Decolonization[C]. Mississauga: Canadian Educators' Press, 2001:35-58.

[13] Binda, K. P. Native Diaspora and Urban Education: Class Culture and Intractable Problems

[A]∥Binda, K. P. & Calliou, S. (Eds.), Aboriginal Education in Canada: A study in Decolonization[C]. Mississauga: Canadian Educators' Press, 2001:179-194.
[14] Burnet, J. Multiculturalism Ten Year Later[A]∥Leonard, E. J. (ed.), Two Nations, Many Cultures[C], Toronto: Scarborough, 1983:241.
[15] Cardinal, L. What is an Indigenous Perspective? [J] Canadian Journal of Native Education, 2001, 25(2):180-182.
[16] Chandler, M. J. Surviving Time: The Persistence of Identity in this Culture and that[J]. Culture and Psychology, 2000, 6(2):209-231.
[17] Cherkasov, A. I. Nunavant: The Canadian Experiment in Territorial Self-Determination for the Inuit[J]. Polar Geography and Geology, 1993, 17(1): 64-71.
[18] Cherubini, L. Understanding the Marginalized in the Mainstream: Teacher Education and Aboriginal Educational Policy in Ontario (Canada)[J]. International Journal of Education, 2011, (3):1-21.
[19] Chrisjohn, R. and C. Belleau. 1991. Faith Misplaced: Lasting Effects of Abuse in a First Nations Community[J]. Canadian Journal of Native Education, 1991, 18(2):161-197.
[20] Denis, V. S. Aboriginal Education and Anti-racist Education: Building Alliances across Cultural and Racial Identity[J]. Canadian Journal of Education, 2007, 30(4):1068-1092.
[21] Gaudry, A., & Hancock, R. L A. Decolonizing Métis Pedagogies in Post-Secondary Settings [J]. Canadian Journal of Native Education, 2012, 35(1):7-13.
[22] Ghosh, R. Diversity and excellence in higher education: is there a conflict? [J]. Comparative Education Review, 2012, 56(3):350.
[23] Greenwood, M., Leeuw, S. D., & Fraser, T. N. Aboriginal Children and Early Childhood Development and Education in Canada: Linking the Past and the Present to the Future[J]. Canadian Journal of Native Education, 2007, 30(1):5-18.
[24] Haque, E. & Patrick, D. Indigenous Languages and the Racial Hierarchisation of Language Policy in Canada[J]. Journal of Multilingual & Multicultural Development, 2015, 36(1): 27-41.
[25] Hare, J. & Barman, J. Aboriginal education: Is there a way ahead? [A]∥Long, D. & Dickason, O. P. (Eds.). Visions of the heart: Canadian aboriginal issues[C]. Toronto: Harcourt Brace Canada, 2000: 331-359.
[26] Helgason, A. ect. mtDNA Variation in Inuit Populations of Greenland and Canada Mirgration history and Population Structure[J]. American Journal of Physical Anthropology, 2006(1) 123-134.
[27] Hornberger, N. H. Multilingual Education Policy and Practice: Ten Certainties (Grounded in Indigenous Experience)[J]. Language Teaching, 2009.42(2):197-211.

[28] Jaenen, C.J. Education for Francization: the Case of New France in the Seventeenth Century [A]//J. Barman, Y. Hebert and D. McCaskill(Eds.), Indian Education in Canada. Volume 1: The Legacy[C]. Vancouver: University of British Columbia Press: 45-63.

[29] Kymlicka, W.& Norman, W. Citizenship in Culturally Diverse Societies: Issues, Contexts, Concepts[A]// Citizenship in Diverse Societiy[C].Oxford:Oxford University Press,2000:3-5.

[30] Longboat, D. First Nations Control of Education: The Path to Our Survival as Nations[A]// J. Barman, Y. Hebert and D. McCaskill (Eds.). Indian Education in Canada. Volume 2: The Challenge[C]. Vancouver: University of British Columbia Press, 1986: 22-42.

[31] Martin K. The New Buffalo: The Struggle for Aboriginal Post-secondary Education in Canada (review)[J]. Canadian Journal of Native Studies, 2009, 27(1):300-302.

[32] Matilpi, M. In Our Collectivity: Teaching, Learning, and Indigenous Voice[J]. Canadian Journal of Native Education, 2012, 35(1).211-230.

[33] Neegan, E. Excuse Me: Who Are the First Peoples of Canada? A Historical Analysis of Aboriginal Education in Canada Then and Now [J]. International Journal of Inclusive Education, 2005, 9(1):3-15.

[34] Paul S Maxim. Aboriginal and Minority Education Policy in Canada and China: Common Challenges[J]. Academy, 2010(5): 47-54.

[35] Paupanekis, K & Westfall, D. Teaching Native Language Programs: Survival Strategies[A]// Binda, K. P. & Calliou, S. (Eds.), Aboriginal Education in Canada: A study in Decolonization[C]. Mississauga: Canadian Educators'Press, 2001:89-104.

[36] Poonwassie, D.H. Parental Involvement as Adult Education: A Microstrategy for Change[A]// Binda, K. P. & Calliou, S. (Eds.), Aboriginal Education in Canada: A study in Decolonization[C]. Mississauga: Canadian Educators'Press, 2001:155-166.

[37] Seth A.Agbo, Decentralization of First Nation Education in Canada: perspective of Ideals and Realities of Indian Control of Indian Education[J]. Interchange.2002, 3:281-302.

[38] Shanahan, T., & Jones, G. A. Shifting Roles and Approaches: Government Coordination of Post-secondary Education in Canada, 1995—2006 [J]. Higher Education Research & Development, 2007, 26(1):31-43.

[39] Smith, M. Relevant Curricula and School Knowledge: New Horizons[A]// Binda, K. P. & Calliou, S. (Eds.), Aboriginal Education in Canada: A study in Decolonization [C]. Mississauga: Canadian Educators'Press, 2001:77-88.

[40] Stewartharawira, M. Cultural Studies, Indigenous Knowledge and Pedagogies of Hope[J]. Policy Futures in Education, 2005, 3(2):153-163.

[41] Shanahan, T. & Jones, G.A. Shifting roles and approaches: government coordination of post-

secondary education in Canada, 1995—2006 [J]. Higher Education Research & Development, 2007, 26(1):31-43.

[42] White, J.P. & Peters, J. A Short History of Aboriginal Education in Canada[A]// White, J. P., Peters, J., Beavon, D. & Spence, N. (Eds.) Aboriginal Education: Current Crisis and Future Alternatives[C]. Toronto, Ontario: Thompson Education Publishing, INC. 2009: 27-28.

[43] White, J.P., Peters, J. & Beavon, D. Enhancing Educational Attainment for First Nations Children[A]// White, J.P., Peters, J., Beavon, D., & Spence, N. Aboriginal Education: Current Crisis and Future Alternatives [C]. Toronto, Ontario: Thompson Education Publishing, INC, 2009, 117-174.

[44] White, J.P., Spence, N. & Maxim, P. A New Approach to Understanding Aboriginal Educational Outcomes: The Role of Social Capital[A]// White, J.P., Peters, J., Beavon, D. & Spence, N. (Eds.). Aboriginal Education: Current Crisis and Future Alternatives[C]. Toronto, Ontario: Thompson Education Publishing, INC, 2009:249-263.

[45] White, J.P. & Beavon, D. Aboriginal Education: Current Crisis, Future Alternatives[A]// White, J.P., Peters, J., Beavon, D. & Spence, N. (Eds.) Aboriginal Education: Current Crisis and Future Alternatives[C]. Toronto, Ontario: Thompson Education Publishing, INC. 2009:3.

[46] Wilson, D.J. No Blanket to be Worn in School: The Education of Indians in Nineteenth Century Ontario[A]// J. Barman, Y. Hebert and D. McCaskill (Eds.), Indian Education in Canada. Volume 1: The Legacy[C]. Vancouver: University of British Columbia Press, 1986:66.

[47] Wilson, J.B. First Nations Education: The Need for Legislation in the Jurisdictional Gray Zone[J]. Canadian Journal of Native Education, 2007, 30(2):248-256,322.

3.报告

[1] Aboriginal Healing Foundation. Directory of Residential Schools in Canada[R]. Ottawa: Aboriginal Healing Foundation. 2007:4-34.

[2] AFN. Tradition and Education: Towards a Vision of Our Future, A Declaration of First Nations Jurisdiction Over Education[R]. Ottawa: Assembly of First Nations. 1988:38.

[3] Auditor General of Canada. Indian and Northern Affairs Canada—Education and Secondary Education[R]. Ottawa: Office of the Auditor General of Canada. 2000:30.

[4] Carrier, R. Bringing the Rainbow into the House: Multiculturalism in Canada[R]. http://www.collectionscanada.ca, 2015-02-02.

[5] Claes, R. & Clifton, D. Needs and Expections for Redress of Victims of Abuse at Native

Residential School[R]. Ottawa: Law Commission of Canada, 1998:12-15.

[6] DIAND. The Government of Canada's Approach to the Implement of the Inherent Right and the Negotiation of Aboriginal Self-Government[R]. Ottawa: Department of Indian Affairs and Northern Development, 1995:2-9.

[7] Hawthorn, H. B. (Ed.). A Survey of the Contemporary Indians of Canada: A Report on Economic, Political and Educational Needs and Policies. Volume II[R].
https://www.aadnc-aandc.gc.ca, 2016-10-21.

[8] INAC. Agreement to Support the School Attendance and Academic Success of Innu Youth[R]. https://www.aadnc-aandc.gc.ca/, 2017-07-23.

[9] MacPherson, J. MacPherson Report on Tradition and Education: Towards a Vision of Our Future[R]. Ottawa: Department of Indian Affairs and Northern Development. 1991:42.

[10] Minister of Supply and Service Canada. Canada Studies Resource Guides[R].1998:1.

[11] Royal Commission on Aboriginal Peoples. Report of the Royal Commission on Aboriginal Peoples. Volume III[R]. Ottawa: Canada Communication Group Publishing, 1996:12-17.

[12] Saskatchewan Ministry of Education. Post-secondary Education: In Support of First Nations and Inuit Students [R]. Saskatoon: University of Saskatchewan, Aboriginal Education Research Centre, 2009:30-38.

[13] Sharpe, A. Investing in Aboriginal Education in Canada: An Economic Perspective[R]. Ottawa: Center for Study of Living Standard. 2010:3-23.

[14] Simeone, T. First Nations Education[R]. https://lop.parl.ca,2017-08-21.

[15] Statistics Canada. The 2012 Aboriginal Peoples Survey. The education and employment experiences of First Nations people living off reserve, Inuit, and Métis: Selected findings from the 2012 Aboriginal Peoples Survey[R]. http://www.statcan.gc.ca,2013-11-25.

[16] Statistics Canada, National Household Survey, 2011. Number and distribution of the population reporting an Aboriginal identity and percentage of Aboriginal people in the population, Canada, provinces and territories, 2011 [R]. http://www12.statcan.gc.ca, 2015-12-23.

[17] Statistics Canada. National Household Survey, 2011. Aboriginal Peoples in Canada: First Nations People, Métis and Inuit[R]. http://www12.statcan.gc.ca,2016-09-15.

[18] Statistics Canada. The 2012 Aboriginal Peoples Survey[R]. http://www23.statcan.gc.ca, 2017-1-12.

[19] Statistics Canada. The Aboriginal Peoples Survey, 2012.Working, Income and Spending[R]. http://www.statcan.gc.ca,2017-3-21.

[20] Statistics Canada.Age and Sex Highlight Tables, 2016 Census[R]. http://www12.statcan. gc.ca,2017-05-05.

［21］Statistics Canada. Census in Brief Recent trends for the population aged 15 to 64 in Canada, 2016 Census［R］.http：//www12.statcan.gc.ca,2017-05-09.

［22］Statistics Canada. 2011 National Household Survey：Data tables［R］. http：//www12.statcan.gc.ca,2017-08-20.

［23］The World Bank. Implementation of Operational Directive 4.20 on Indigenous Peoples：An Independent Desk Review［R］. http：//documents.worldbank.org,2013-01-10.

［24］United Nations. Report of the world commission on environment and development：Our Common future［R］. New York：Oxford University Press, 1987：43.

［25］Valk, J. Inclusion and the Nature of the Human：A Canadian Perspective［R］. Berlin：International Congress of Heilpadagogik, 2015：15.

（三）网站资料

［1］联合国教科文组织 http：//www.unesco.org
［2］联合国人权理事会 https：//www.un.org/chinese/hr/issue/hrc.htm
［3］中华人民共和国中央人民政府 http：//www.gov.cn
［4］中华人民共和国教育部 http：//www.moe.edu.cn
［5］世界银行（World Bank）http：//www.worldbank.org
［6］加拿大教育部长理事会 http：//www.cmec.ca
［7］原住民与北方事务部 http：//www.ainc-inac.gc.ca
［8］加拿大统计局 http：//www.statcan.gc.ca/eng/start
［9］加拿大生活标准研究中心 http：//www.csls.ca